PAUL DE FONDGUILHEM

BAYONNE

ET LE PAYS D'ALENTOUR

❦

PRIX : 2 FRANCS

PAUL DE FONDGUILHEM

BAYONNE

ET LE PAYS D'ALENTOUR

A MA MÈRE

Hommage de tendre et respectueux souvenir

A Louis de S . . . . .

C'est sur vos instances, mon cher ami, que j'ai consenti à publier mes impressions de voyage en Basse-Navarre, qui dormaient depuis des années dans mes cartons. Mais vous n'êtes pas encore satisfait ; vous me reprochez d'avoir rôdé autour de Bayonne, sans y pénétrer, et de n'avoir parlé ni du Labourd, ni du Béarn.

Aujourd'hui, vous voulez que je dise un mot de ces riantes contrées et que je raconte aussi les anciennes chroniques de l'antique Lapurdum.

Vous savez que je n'ai rien à vous refuser ; je vous envoie donc, avec mes notes de voyage, le récit, détaillé par le menu, des choses bonnes et mauvaises, petites et grandes, qui concernent, depuis ses origines jusqu'à la Révolution française, la vieille cité portant fièrement, à son front, la devise : « Nunquam Polluta ! »

Vous allez, ainsi, vivre, pendant quelques instants,

au milieu de chevaliers bardés de fer, de vicomtes-gouverneurs, de prélats, d'échevins, de maires du temps passé, et j'espère que vous ne vous en plaindrez pas.

J'ai connu une femme de beaucoup d'esprit qui soutenait qu'il valait souvent mieux avoir commerce avec les morts qu'avec les vivants, et j'estime qu'elle n'avait pas tort.

Dans tous les cas, on ne peut nier que les premiers ont, au moins, un avantage incontestable sur les seconds : c'est qu'il est toujours possible de les quitter quand on a assez de leur société.

Sur ce, mon cher ami, je vous laisse en tête-à-tête avec mes souvenirs et avec les histoires des vieux chroniqueurs.

Paul DE FONDGUILHEM.

INDEX

BAYONNE

ET LE PAYS D'ALENTOUR

I.

LA GIRONDE — ROYAN — CORDOUAN

Pour nous rendre à Bayonne, nous prenons le chemin des écoliers.

On nous a tant vanté « *la Gironde* », qu'en arrivant à Bordeaux, nous ne pouvons résister à la tentation de la descendre jusqu'à son embouchure, c'est-à-dire jusqu'à *Royan*.

Nous partons à huit heures ; le temps est superbe.

En sortant de la rade, et après avoir doublé le tertre verdoyant de *Lormont*, nous nous lançons au milieu du fleuve, aux ondes rougeâtres. Le paysage est ravissant : ce ne sont que prairies, bois, jardins, délicieuses maisons de campagne, appartenant à de riches Bordelais, et auxquels succèdent des rangées de vignobles.

Bientôt nous sommes *au Bec d'Ambès* et nous apercevons, sur la Dordogne, l'antique ville de *Bourg,* autrefois fortifiée, et dont le svelte clocher émerge d'un fouillis de frondaisons. Puis nous passons devant *La Roque, Plassac,* et *Blaye,* célèbre par sa citadelle, qui servit de prison, en 1833, à la duchesse de Berry, tandis que, sur la rive gauche, *Margaux, Beychevelle, Latour, Pauillac,* commune qui possède le grand cru de *Lafite, Saint-Estèphe, Richard* et *By* défilent devant nous.

Mais le fleuve, déjà fort large, s'étend encore et prend peu à peu les proportions d'une petite mer ; insensiblement, aussi, l'eau perd sa couleur d'ocre et commence à bleuir. De légères vagues, à l'aspect marin, se forment au large et viennent mourir sur la rive où le sable tend à remplacer l'humus ; on ne distingue plus l'autre côte.

Nous arrivons à *Mortagne (Charente-Inférieure),* à *Talmont,* qui donna son nom à une principauté appartenant à la maison de la Trémoille, et où l'on remarque, au sommet d'une roche, une vieille église que le temps semble avoir miraculeusement épargnée, *aux Meschers,* auxquels sont adossées de merveilleuses grottes, à *Saint-Georges-de-Didonne,* patrie d'Eugène Pelletan, enfin à Royan !

Ce fleuve est beau, grand, immense !

A partir de Mortagne, il devient une énorme masse d'eau, tantôt calme et limpide comme un grand lac, tantôt tumultueuse et démontée comme un Océan. Pour peu que le vent fraîchisse, ainsi que disent les marins, on est sûr de voir les vagues se creuser, bondir et se briser contre les pointes rocheuses de *Suzac* et de *Vallière*, d'où elles retombent en une pluie de blanches écumes. Par exemple, gare au mal de mer ! Beaucoup de nos compagnons dc traversée l'ont eu, et, si le tangage avait duré plus longtemps, je crois que nous n'y aurions pas échappé. Voici la terre ; nous accostons le quai de Royan.

Nous n'avons pas à parler longuement de cette petite ville, déserte pendant l'hiver, très fréquentée par les baigneurs en été. Elle possède un casino et des hôtels splendides. Les bains se prennent *à Pontaillac*, belle plage située à deux kilomètres environ. Ils ne doivent pas être, en effet, agréables à Royan, dont la *Grande Conche* est envasée et couverte de détritus de toute sorte.

Rappelons seulement que la ville de Royan fut prise et presque détruite par Louis XIII, en 1622.

En face, se dresse *le Verdon*, point extrême de la côte opposée ; il est directement relié à Bordeaux par un chemin de fer qui, longeant la rive gauche du fleuve, traverse tout le territoire connu sous le nom de *Médoc*.

Bâtie sur un ilot de rochers qui, suivant d'anciennes traditions, se joignait autrefois à la terre du Bas-Médoc, la tour de *Cordouan*, haute de 155 mètres, domine, vis-à-vis de Royan, la majestueuse entrée de la Gironde. Les dessins de cette tour, dont la première pierre fut posée en 1585, furent tracés par Louis de Foix, valet de chambre de Henri III, et l'un des plus célèbres architectes du XVIe siècle. La chronique rapporte que

Louis le Débonnaire avait fait construire, au même endroit, une tourelle peu élevée, et qu'à la place de fanaux, des hommes y sonnaient du cor, jour et nuit, afin de prévenir les navigateurs des dangers qu'ils couraient dans ces parages.

Jusqu'en 1782, on n'a brûlé, au sommet de la tour de Cordouan, que du feu en charbon ; on y installa, à cette époque, un fanal avec des lampes.

Les gardiens ne quittent jamais leur poste. A la fin de l'été, ils reçoivent des vivres pour six mois, car le mauvais temps peut les tenir bloqués tout l'automne et tout l'hiver.

II.

BAYONNE DE NOS JOURS

Nous voici à *Bayonne ;* nous ne dirons qu'un mot de la ville actuelle, qui est fort animée et possède un cachet tout à fait castillan.

Ses rues sont généralement étroites ; les plus anciennes sont bordées de basses arcades, sous lesquelles on se mettait autrefois à l'abri des ardeurs du soleil, mais les voies nouvelles sont larges et bien bâties. Rien de laid, par exemple, comme un grand édifice construit sur l'une des principales places et contenant la Mairie, la Bibliothèque, le Théâtre et la Douane. Cela peut être pratique, mais c'est lourd, écrasé, absolument dénué d'élégance !

Les maisons, très hautes, sont garnies de balcons et de persiennes de couleur claire qui leur donnent un air de gaîté. Presque toutes les enseignes sont en français et en espagnol, car on parle couramment, ici, l'idiome de Don Quichotte.

Resserrée par ses fortifications, Bayonne tend à s'agrandir, en dehors des murailles, vers la route de Biarritz, où elle possède un important quartier nommé *Lachepaillet.*

On remarque une belle cathédrale, deux vieux châteaux, la citadelle, quelques ponts jetés sur la *Nive* et donnant à la ville un aspect des plus pittoresques, enfin un grand pont, sur *l'Adour*, conduisant à l'ancien bourg de Saint-Esprit, devenu aujourd'hui un simple quartier de Bayonne.

Ce qui est charmant, c'est une promenade, plantée d'arbres séculaires, qui longe l'Adour pendant trois kilomètres environ et vous mène à la fameuse *Barre*, située à l'embouchure de ce fleuve. On la nomme « *les allées Marines*. »

Rappelons, en terminant, que Bayonne a été la capitale du *Labourd*, que l'arrondissement dont elle est le siège se compose de villages basques et de villages gascons, et que le dialecte en usage dans la ville et dans la banlieue parmi les gens du peuple est un mélange de patois béarnais et landais plus ou moins altéré par des locutions et des mots appartenant aux langues française et espagnole.

Et maintenant, puisque vous le voulez, nous allons, mon cher ami, vous entretenir longuement de la ville ancienne. Bien entendu, nous puiserons la plupart des détails qui vont suivre dans les vieilles chroniques du temps passé.

III.

LAPURDUM JUSQU'A LA DOMINATION ANGLAISE

La cité de *Lapurdum* était située sur la rive gauche de la Nive, près de son confluent avec l'Adour, à environ une lieue de la mer.

Son enceinte était flanquée de vingt tours et percée de huit portes. Au nord et à l'ouest, la Nive et l'Adour baignaient le pied des remparts.

Tout autour régnaient des marécages.

L'heureuse situation topographique de Lapurdum en fit, sous la domination romaine, une ville riche, florissante même. Mais, lors de l'invasion des Alains, elle fut conquise et ruinée ; son évêché fut transféré à *La Bouheyre*, et son administration confiée à un préfet royal résidant à *Dax*.

Vers l'an 602, la cité de Lapurdum fut réduite par les Francs et inféodée au duché de *Vasconie*, qui comprenait également les villes d'*Aire*, de *Dax*, d'*Oloron* et de *Lescar;* ce duché fut gouverné, à son origine, par des officiers amovibles, nommés par les rois des Francs.

En 841, des pirates Normands (1) forcèrent l'entrée

(1) Ce sont ces pirates qui tranchèrent la tête à saint Léon, évêque de Bayonne, vers 900. Nous avons déjà raconté cette légende. Voir *En Navarre.*

de l'Adour et s'emparèrent de Lapurdum ; ils s'y maintinrent pendant plus d'un siècle et n'en furent chassés qu'en 980, par Guillaume Sanche, duc de Gascogne, qui remporta sur eux une éclatante victoire, « assisté — dit la chronique — du glorieux martyr « *Saint-Sever*, qui combattit à ses côtés, monté sur un « cheval blanc et revêtu d'armes magnifiques. »

Nous retrouvons, en 1059, la cité de Lapurdum administrée par un seigneur héréditaire, portant le titre de vicomte et ayant juridiction sur les pays de *Labourd* et d'*Arberoue*, et sur la baronnie de *Saint-Jean-de-Luz*.

A ce moment, la ville tendait déjà à s'étendre en dehors des fortifications, du côté de *Saint-Léon*, où s'était élevé un nouveau quartier portant le nom de *Faubourg des Tanneries*. On y avait construit une église et deux hôpitaux dédiés, le premier à *Saint-Nicolas*, le second à *Sainte-Quitérie*.

Peu après fut tracée une nouvelle enceinte qui comprenait le *Bourgneuf* actuel (1). C'est vers la même époque que les vicomtes et les évêques firent disparaître le nom de Lapurdum des actes officiels et lui substituèrent celui de Bayonne, formé de deux mots biscayens « *baia ona* », qui signifient « bonne baie ».

En 1137, Éleonore, fille de Guillaume X, épousa Louis le Jeune, fils du roi de France Louis le Gros, et lui transmit la possession du duché de Guienne et de Gascogne dans lequel Bayonne se trouvait enclavée.

(1) Ce quartier porte aujourd'hui le nom de « Petit-Bayonne »; il est situé sur la rive droite de la Nive.

Les fondements de la cathédrale actuelle (1) et du pont de *La Grande-Mer* ou de Saint-Esprit, furent jetés en 1141.

Pour subvenir aux premiers frais de construction de la cathédrale, chaque habitant du Labourd et de la ville de Bayonne (2) s'engagea à acquitter une certaine somme la veille de la Nativité de la Vierge.

Louis le Jeune, roi de France, fit, en 1152, casser, au Concile de Beaugency, son mariage avec Éléonore de Guienne, qui, peu après, épousa Henri, duc d'Anjou, depuis roi d'Angleterre.

Le duché de Guienne et Gascogne se trouva, ainsi, transporté dans la maison des Plantagenets.

(1) Cet édifice n'a été terminé que vers le milieu du XVIᵉ siècle. Cependant, les trois léopards, taillés dans les clefs de voûte, prouvent qu'il a été exécuté, dans sa masse, sous la domination Anglaise que Bayonne — nous le verrons tout à l'heure — subit depuis 1152 jusqu'en 1451. On croit que la partie basse de la nef, qui environne le chœur, et une partie du clocher furent bâtis avant la fin du XIIᵉ siècle. De 1335 à 1400, on acheva la plus haute voûte et les cloîtres actuels. Les vitraux ont été placés du XIIIᵉ au XVIIᵉ siècle ; le clocher est un ouvrage des XVᵉ et XVIᵉ. En 1669, les magistrats de la cité firent mettre en place une grande cloche pesant 44 quintaux. Les orgues étaient en service depuis 1490. Enfin, la distribution intérieure de l'église, telle qu'elle est aujourd'hui, a été faite en 1702.

(2) Les Bayonnais étaient fort renommés pour la fabrication des arbalètes. De là, le nom de *baïonniers* donné anciennement aux arbalétriers de France. Ils servirent également de parrains à la *bayonnette,* arme inventée, dit-on, à Bayonne sous Henri IV.

ÉVÊQUES DE BAYONNE PENDANT CETTE PÉRIODE

Itcassicus, vers 381.
Saint Léon, vers 900.
Arsius, vers 980.
Raymond le Vieux, vers 1056.
Raymond le Jeune, vers 1059.
Guillaume, vers 1090.
Bernard d'Astarac, vers 1105.
Garcias, vers 1120.
Raymond de Martres, vers 1130.
Arnaud Loup Dessabat, vers 1141.
Arnaud Formatel, vers 1149.

Arsius et Raymond le Vieux occupaient tous les sièges de Gascogne ; aussi sont-ils qualifiés, dans les chartes du temps, Évêques des Gascons, c'est-à-dire des villes et territoires de Bazas, Aire, Bayonne, Dax, Oloron et Lescar. Arnaud Loup Dessabat eut un démêlé remarquable au sujet de l'église de *Maya,* qui avait été donnée à l'évêque et au chapitre par *Sigismond Garcias*, vicomte de Baztan. Mais son successeur *Fortia* prétendit que cette donation était nulle et demanda à être réintégré dans cette partie de son domaine. Sur le refus de l'évêque, il s'empara de l'église. Loup Dessabat fulmina une sentence d'excommunication contre le vicomte Fortia et l'église de Maya. L'anathème ne fut levé que trente ans après, lorsque l'église eut été rendue à l'évêque et au chapitre.

IV.

BAYONNE SOUS LES ANGLAIS

L'annexion de la Guienne à l'Angleterre ouvrit aux Bayonnais les ports et les marchés d'un puissant royaume et imprima une activité nouvelle à leur commerce et à leur navigation.

Pierre Bertrand, vicomte de Bayonne, mourut vers cette époque. Ses fils, Pierre et Arnaud lui succédèrent, l'un après l'autre, et ce dernier, qui faisait partie d'une ligue de barons mécontents, fut vaincu par Richard d'Angleterre, qui le déposa. Le commandement de la ville de Bayonne fut confié par ce prince à Jean de Gaujac.

Lors de son expédition en Terre-Sainte, en 1190, le roi Richard avait avec lui cent cinquante gros vaisseaux des ports de l'Océan. Les Bayonnais durent en fournir un assez grand nombre, puisque Bertrand de Lacarre, leur évêque, était, d'après Roger de Hoveden, l'un des chefs de la flotte anglaise.

En 1193, Guillaume Raymond du Sault, neveu d'Arnaud Bertrand, vicomte de Bayonne, fit bâtir la tour appelée *Du Sault,* le Château-Vieux et les tours du Nord et de Saint-Esprit.

Avec lui s'éteignit le titre de vicomte de Bayonne.

L'administration de la justice fut, par le roi d'Angleterre, confiée à un prévôt, et le commandement militaire à un gouverneur ou *vicaire.*

Le corps municipal était alors composé d'un maire, de douze jurats, de douze échevins et de soixante-quinze conseillers, compris sous le nom général de Maire et Cent-Pairs.

La charge de maire était annuelle; l'élection de ce magistrat avait lieu le premier samedi du mois d'avril de chaque année. L'assemblée générale, composée de tous les habitants ayant occupé les charges de jurats, d'échevins ou de conseillers, choisissait à cet effet trois bourgeois, âgés de 25 ans au moins, nobles, commerçants ou jurisconsultes et *non adonnés aux arts mécaniques.* Le Sénéchal de Gascogne conférait l'office à l'un de ces trois bourgeois. Dès 1340, on ne pouvait être réélu, qu'après un intervalle de neuf ans. En 1380, la charge de maire fut déclarée incompatible avec celle de prévôt royal.

Les jurats, échevins et conseillers étaient, comme le maire, choisis par tous ceux qui avaient déjà rempli ces charges.

Le maire jouissait d'une grande autorité ; il avait le commandement de la milice, gérait les finances, présidait l'assemblée des Cent - Pairs. Assisté d'un certain nombre d'échevins , il jugeait , en première instance, les causes des bourgeois et de leurs serviteurs, tant au civil qu'au criminel. En 1340, on alloua au maire un traitement de cent royaux d'or.

Des gentilshommes des Landes et du Labourd, qui s'étaient pourvus de lettres de bourgeoisie, occupèrent exclusivement la place de maire jusqu'en 1380. Mais depuis cette année, où l'on mit au nombre des conditions d'éligibilité, celle d'être né à Bayonne, elle fut souvent remplie par des négociants.

Pendant leurs guerres avec la France, les rois d'Angleterre prirent quelquefois cet office en leurs mains et y nommèrent plusieurs chevaliers anglais, tels que Pierre Chetwind, Robert Clyfton, Astley et enfin Georges Salviton.

On n'ignore pas que les villes maritimes de la Gascogne étaient tenues de fournir, le cas échéant, *au roi d'Angleterre,* un certain nombre de vaisseaux de guerre. Du temps d'Édouard III, le contingent de Bayonne, *suivant l'ancien usage,* était fixé à vingt vaisseaux et à dix galées (sorte de bâtiments à voiles et à rames). -- Chaque galée était montée au moins par vingt-cinq hommes.

Les moines mendiants de l'ordre de Saint-Dominique obtinrent, en 1225, la permission de s'établir à Bayonne ; les Cordeliers, les Carmes, les Augustins, arrivèrent successivement. « L'esprit de ce siècle, dit Mézerai, était tellement soumis à la besace, qu'il fourmillait, de tous côtés, un grand nombre de ces besaciers ou porte-sacs. C'est ainsi qu'on les appelait. »

« En 1254, dit Mathieu Paris, vers la fête de la Purification, Gaston de Béarn ayant assemblé un corps nombreux d'ennemis du roi eut la hardiesse de vouloir s'introduire séditieusement et hostilement dans la ville de Bayonne pour s'en emparer. Or, Bayonne est une ville riche, sise sur la mer, la seconde de toute la Gascogne, avec un port et un grand nombre de vaisseaux, peuplée d'une bourgeoisie aguerrie et adonnée au commerce, surtout à celui des vins. La plupart des habitants avaient pris le Roi en haine, à cause des fréquentes avanies qu'il leur avait fait éprouver en Angleterre : avec l'assistance des mécontents, quelques ennemis pénétrèrent dans la ville ; mais comme les esprits étaient divisés d'opinion, des bourgeois affectionnés au roi, soutenus du menu peuple, arrêtèrent les gens de Gaston, qui furent punis, la plupart, comme le méritait leur trahison. »

Vers 1315, on éleva l'hôtel-de-ville qui a été démoli en 1820 ; une partie était construite en pierres de taille ; la façade était ornée d'un écusson où étaient figurées les armes de la ville (1). Ces armes sont « d'azur, à la tour crénelée et talusée d'argent, ondée au naturel sous le pied, sommée d'une fleur de lis d'or, ayant pour tenans deux lions rampans contournés d'or, avec deux arbres de sinople, chargés chacun de sept fruits d'or, et posés en pal derrière les lions. »

La devise de la ville est : « *Nunquam polluta.* »

Bien que l'inscription des armes de la cité au front de l'hôtel-de-ville semble prouver qu'il fût destiné, dès l'origine, aux réunions du corps municipal, on a lieu de croire qu'il eut souvent un autre usage : ce

---

(1) Sur la grande cloche de la ville, on lisait l'inscription suivante : « *Rex Edward I Sancta Maria ora pro nobis Jesus Nazarenus.* »

qu'il y a de certain, c'est que le texte de presque toutes les ordonnances municipales, sous les rois d'Angleterre, porte : « En séance tenue au bout de la rue de l'Évêché, entre les deux murs, près la porte Lachepaillet » ou bien : « au cloître de la cathédrale, sous l'orme » (1).

Sous les règnes de Philippe-Auguste et de Louis VIII, les Anglais avaient perdu toutes les provinces qu'ils possédaient en France, à l'exception de la Guienne. Devenus, grâce à cette circonstance, les agents privilégiés d'un riche commerce et d'un transport maritime considérable, les Gascons se virent en butte à des jalousies sans nombre, surtout à celle des Normands, qui avaient longtemps exercé une sorte de suprématie sur les mers de France et d'Angleterre.

Dans ces conjonctures, deux matelots, l'un normand, l'autre anglais, se prirent de querelle à Bayonne et le premier perdit la vie en tombant sur son poignard qu'il tenait à la main. Peu après, des capitaines normands, sous prétexte de venger la mort de leur compatriote, assaillirent à Royan sur Gironde, quatre barques de Bayonne, les coulèrent et massacrèrent une partie des équipages.

L'ère des représailles fut ainsi ouverte.

Les Normands prirent successivement soixante-dix navires, dont ils égorgèrent les équipages et enlevèrent plus de 20,000 livres sterling de marchandises.

---

(1) Il a été longtemps d'usage, dans les communes de France, de délibérer sous un orme planté sur la place publique.

De leur côté, les Bayonnais, les Anglais et les Irlandais se dirigèrent, avec soixante vaisseaux, vers les côtes de Bretagne, et ils rencontrèrent deux cents voiles ennemies qui revenaient de l'Aunis chargées de vin, « *bien eskipées de gents d'armes, chasteaux* « *hordis devant et derrière, chasteaux au somet de* « *chacun mast, banères desployés de rouge sendal,* « *signifiant mort sans remède et mortele guerre en* « *tous lieux où marines sount.* » Un combat s'engagea où les Normands perdirent, dit-on, cinq mille hommes et la plupart de leurs vaisseaux.

Dès ce moment, les hostilités revêtirent le caractère d'une guerre de puissance à puissance. Un jugement de la Cour des Pairs de France confisqua la Guienne au profit de la couronne. Par suite de ce jugement et d'un traité secret entre Philippe le Bel et Edouard Ier, les Français furent mis en possession provisoire de Bordeaux, de Bayonne et des autres places de la région. Mais, en 1294, Édouard, se plaignant de la mauvaise foi de Philippe et regrettant probablement l'abandon qu'il avait fait de cette belle province, arma sous le commandement de John Saint-John, une flotte composée de nombreuses troupes qui se présenta devant Bayonne, le 31 décembre 1294, et entra dans la ville, dès le lendemain, c'est-à-dire le 1er janvier 1295, par la collusion de quelques habitants.

Le Château-Vieux, où s'était retirée la garnison, qui avait pour chef Raymond d'Aspremont, vicomte d'Orte, se rendit huit jours après.

Édouard, par des prévenances de tout genre, parvint à gagner l'affection des Bayonnais, qu'il félicita d'ailleurs chaleureusement de s'être soustraits à la domination du roi de France.

On voit, par diverses ordonnances de ce temps, que le goût du luxe et de la dépense s'était introduit dans la ville et que le corps municipal s'inquiétait de ces tendances.

« En 1307, il prohiba l'usage des parures d'or, d'argent et de soie, prescrivit l'exacte observation du règlement existant sur la manière de s'habiller et sur les dépenses des noces, festins, etc. Peu après, il établit des amendes contre les nouvelles mariées qui, le jour de leur hymen, se permettraient de donner à leurs maris plus de deux chemises, ou des souliers à qui que ce fût, et contre les veuves qui porteraient le *paillet* ou manteau de deuil plus d'un an et un jour. »

L'entrée de l'Adour commençait déjà à être fort embarrassée par les sables. Édouard II, en 1313, ordonna des travaux pour obvier à ce grave inconvénient.

Trois ans après, les Bayonnais sollicitèrent et obtinrent un acte royal par lequel la ville de Bayonne « était annexée à la couronne d'Angleterre et à sa chambre royale, et ne pouvait être aliénée ni délaissée en propriété ou en jouissance à qui que ce fût, excepté au fils du roi et à l'héritier du trône. »

Guillaume Gaudin, cardinal et évêque de Sabine, né à Bayonne, jouissait à cette époque d'un grand crédit, à la cour d'Avignon, où régnait le pape Jean XXII ; il avait, auparavant, professé la théologie à Paris et il était provincial de l'ordre des Jacobins à Toulouse, quand le pape Clément V le nomma lecteur du Sacré-Collège, charge qui lui valut le chapeau rouge en 1312. On lui doit la construction d'une partie de la voûte de la cathédrale et celle du bras de la croix et du milieu de la nef où ses armes sont gravées.

Un autre bayonnais, Bertrand Bellas, surnommé le *bigle* ou *le louche* de Bayonne, cordelier et provincial d'Aquitaine, se fit remarquer à Rome, sous le pontificat d'Alexandre IV. A la conférence d'*Anagni*, il défendit la cause des moines mendiants contre l'illustre Guillaume de Saint-Amour. On prétend qu'il parla, dans cette circonstance, avec tant de vigueur et de subtilité, que son adversaire ne put s'empêcher de l'interrompre par cette exclamation : « *Tu es un ange, ou un diable, ou le bigle de Bayonne !* »

La guerre ayant recommencé, en 1337, entre la France et l'Angleterre, la ville de Bayonne reçut l'ordre d'équiper, pour le service du roi, vingt vaisseaux et dix galées, *comme de coutume*. Pès de Puyane, maire et vicaire de Bayonne, fut nommé *amiral* de cette flotte qu'il conduisit dans les mers d'Angleterre. Il se signala par la prise de deux gros vaisseaux flamands sur lesquels se trouvaient l'évêque de Glascow, cent-cinquante gentilshommes écossais, et un petit corps de troupes françaises avec une somme d'argent destinée aux brussiens d'Écosse. Édouard complimenta la ville sur cet exploit de son amiral et récompensa ce dernier par le don des revenus des ports de Biarritz et de Bédorède.

Nous avons dit, dans un autre ouvrage (1), quelle fut

(1) Voir *En Navarre*.

la conduite de Pès de Puyane à l'occasion de l'abolition de la franchise dont jouissaient les Basques pour l'approvisionnement des denrées et des marchandises nécessaires à leur pays. Rappelons sommairement, ici, que cet homme cruel et intraitable, voulant se venger de l'opposition faite à ses règlements par les Basques, qui avaient contesté, d'ailleurs, que le flot arrivât *jusqu'au pont de Proudine,* en surprit un grand nombre dans la nuit du 23 août 1341, au château de Miots, près de Villefranque ; aussitôt, il donna l'ordre de les massacrer sans pitié, d'incendier le manoir et fit attacher cinq gentilshommes du Labourd aux piles du pont de Proudine, où ils furent engloutis par la marée montante.

Les Bayonnais envoyèrent en Angleterre, en 1346, une superbe flotte, commandée par *Pierre Bonyniau ;* elle aida à transporter en Normandie l'armée qui remporta, au mois d'août, la fameuse victoire de Crécy.

La ville avait peu ressenti jusqu'en 1368 les effets des guerres d'Édouard III avec la France. Mais cette situation se modifia lorsque le comte d'Armagnac, le sire d'Albret et plusieurs autres seigneurs de la Guienne, mécontents du prince de Galles, se placèrent sous la protection de Charles V. Dès ce moment, le commerce de Bayonne avec l'intérieur de la Gascogne et avec la Navarre décrut sensiblement. Ses relations maritimes avec l'Angleterre perdirent également de leur importance après la défaite du comte de Pembrok devant La Rochelle, en 1371.

Vers juillet 1374, le roi de Castille s'empara de

Saint-Jean-de-Luz et vint mettre le siège devant Bayonne. Les attaques, conduites avec vigueur, furent repoussées de même, grâce à l'énergie du gouverneur, Mathieu de Gournay. Les Espagnols se retirèrent au milieu de l'hiver.

Le duc de Lancastre, frère d'Édouard III, avait, à la mort de Don Pedro, pris le titre de roi de Castille et de Léon, du chef de Constance, son épouse. En 1378, il obtint de son neveu, Richard II, la permission de faire frapper monnaie à son coin, dans le château de Bayonne. Ce même prince vint s'établir à Bayonne, où il résida plusieurs années, « vivant — raconte Froissart — des revenus de Bordeaux, de Bayonne et du reste de la Guienne. »

En 1380, se produisit le grand schisme d'Occident, dont l'influence se fit grandement ressentir dans le pays. Le diocèse eut deux évêques, l'un à Bayonne, l'autre à Saint-Jean-Pied-de-Port. Nous avons donné ailleurs des détails complets à cet égard; nous nous garderons donc d'y revenir ici (1).

Cependant les Bayonnais manifestaient le désir de se soustraire à l'autorité du successeur de Richard II et de traiter avec la France. Mais ils étaient retenus par la crainte de perdre le commerce des vins, des draps, des laines, qu'ils faisaient avec l'Angleterre, et de devenir sujets aux *tailles, fouages et autres exactions vilaines.* Henri IV les réconcilia avec la Révolution qui l'avait mis sur le trône en leur accordant

(1) Voir *En Navarre.*

ample confirmation de leurs privilèges et l'établissement d'une foire franche, d'une durée de quinze jours, à l'époque de la Saint-Michel.

Au commencement du XVe siècle, quelques habitants de Bayonne se permirent de nombreux blasphèmes contre la religion, reniant Dieu, la Vierge et tous les saints. Pour réprimer ces désordres, le corps municipal édicta la peine du fouet contre ceux qui, par leurs propos, ou autrement, blesseraient le respect dû aux personnes et aux choses sacrées. Il défendit également aux prêtres de recevoir ou d'entretenir des concubines dans leurs maisons.

La cage était alors la punition usitée pour les femmes de mauvaise vie : placées dans des corbeilles couvertes, elles étaient plongées trois fois dans la rivière. Le bourreau était tenu de porter une robe blanche et rouge, avec une échelle d'argent, et percevait un droit sur les victuailles, sans les toucher, « *de peur,* dit une ordonnance, *qu'un tel contact n'excite le dégoût et l'horreur du public* » (1).

(1) Il existe, dans le recueil des actes de la ville, une délibération du maire et des cent pairs de 1327, portant que toute femme babillarde et querelleuse sera liée avec des cordes par dessous les aisselles, enfermée dans la cage de fer et plongée dans l'eau publiquement ; en cas de récidive, on les soumettait à une nouvelle immersion et on les bannissait de la ville.

Plus tard, les filles de mauvaise vie furent condamnées à traîner le charriot et à faire le tour de la ville, escortées par six soldats, après avoir été préalablement rasées. Elles étaient ensuite chassées de la cité.

Cependant, les victoires du roi de France, Charles VII, répandaient l'alarme dans la Guienne. Les Bayonnais suppliaient le roi d'Angleterre de leur envoyer de prompts secours s'il ne voulait les voir tomber au pouvoir de l'ennemi.

En 1449, le sire de Lautrec et le batard de Foix s'avancèrent jusqu'à Guiche à quatre lieues de la ville, et assiégèrent le château. Le connétable Charles de Beaumont, qui commandait alors à Bayonne, envoya contre les Français, à Guiche, une flotte de bateaux, forte de quatre mille hommes. Mais, à peine eut-elle opéré son débarquement qu'elle fut surprise et repoussée par les Français. Un détachement de soixante lances, sous les ordres du maire de Bayonne, Georges Salviton, parvint cependant à pénétrer plus tard jusqu'au boulevard du château, mais il fut enveloppé et forcé de déposer les armes. Le château de Guiche et quinze autres petites forteresses qui couvraient les approches de la cité furent successivement obligées de capituler.

Ainsi resserrés dans leurs murailles et ne doutant plus d'une prochaine entreprise contre leur ville, les Bayonnais redoublèrent d'instances auprès d'Henri d'Angleterre pour obtenir les subsides dont ils avaient besoin, mais ce fut en vain. En l'état, le gouverneur Jean de Beaumont, frère du connétable de Navarre, leva des troupes dans le pays et, par son exemple et ses discours, détermina les habitants à s'exposer aux extrémités d'un siège. Mais il n'eut pas le temps de faire démolir les faubourgs de Saint-Léon et de Tarride, dont les maisons, adossées aux murs, masquaient une partie du front de défense entre la Nive et l'Adour. Il dut se contenter de les environner d'un fossé profond et d'une barrière de palissades.

En juillet 1451, après la reddition de Bordeaux, l'armée victorieuse de Charles VII se mit en marche vers Bayonne.

Le 6 août, dans la matinée, les premières troupes, qui se composaient de deux mille arbalétriers et de quatre cents lances, sous les ordres du comte de Foix, se présentèrent devant le faubourg Saint-Léon.

A midi, arriva le comte de Dunois qui occupa *Mousserole* avec six cents lances et un gros corps d'archers et de *guisarmiers*. Dès le lendemain, les assiégés furent forcés d'abandonner le faubourg Saint-Léon dont les faibles retranchements ne purent résister au feu de quelques couleuvrines, serpentines et *ribaudequins*; ils le livrèrent aux flammes, avant leur départ, mais le comte de Foix arriva assez à temps pour sauver les maisons nécessaires au logement de ses troupes. Le 12, le sire d'Albret et le vicomte de Tartas, son fils, venus du côté de Bordeaux avec deux cents lances, les archers et trois mille arbalétriers, s'établirent à Saint-Esprit, dont ils firent rompre le pont bâti en bois. Le 13, les assiégés s'étant aperçus que les soldats du comte de Foix battaient la campagne sans précaution, sortirent de la ville par le boulevard, du côté de la mer. Bernard de Béarn accourut aussitôt de Saint-Léon avec un corps de troupes et, après un combat très vif, força la garnison à regagner

ses postes. « Messire Bernard,—dit Monstrelet,—s'en
« retournant de la dicte escarmouche, fut frappé d'une
« couleurine qui perça son pavois, et entra la plommée
« dedans sa iambe, entre les deux os, qui depuis fut
« tirée, et fût si bien gouvernée par les chirurgiens
« que le péril de feu en fût hors ».

Dans la journée du 14, l'église des Carmes fut prise.
Le comte de Dunois, de son côté, avait vivement
poussé ses approches et commencé à tirer contre les
murs sans attendre les grosses bombardes du roi qui
devaient arriver le 17 ou le 18.

Tel était l'état du siège le 16, lorsque le gouverneur
demanda à parlementer. Il fut convenu, le 19, que
Jean de Beaumont demeurerait prisonnier, avec toute
la garnison, et que les habitants se soumettraient au
bon plaisir du roi, et lui payeraient quarante mille
écus d'or en expiation de leur désobéissance.

Le 20, jour où devait avoir lieu la remise de la place,
le temps étant « *bel et cler* » une espèce de météore,
figurant la croix blanche de France se montra pendant
une demi-heure dans les airs. Les Bayonnais virent
dans cette apparition une approbation miraculeuse de
leur soumission à la France.

« Et lors, ceux de la dicte ville, qui s'estoient le iour
« deuant rendus, et leurs compositions faictes, ostè-
« rent leurs bannières et pennons aux croix rouges,
« disans qu'il plaisoit à Dieu qu'ils fussent françois et
« portassent tous la croix blanche. Cette croix fut
« veüe, le iour de vendredy, qui est le iour que nostre
« Seigneur Jésus Christ fut crucifié, et ce dict iour à

« heure de dix heures entra dedans la ville, avec
« l'euesque d'icelle, le seigneur de la Bessière, pour
« prendre la possession d'icelle ville et du chastel ; et
« là, furent portées les bannières du Roy au hault de
« la tour du chasteau d'icelle ville par les héraulx du
« Roy, dont chacun eut grand ioie. »

A la demande de Charles VII, la Biscaye avait, dès
le commencement du siège, envoyé des vaisseaux pour
fermer aux Bayonnais toute retraite du côté de la mer.
Les Biscayens fournirent également à l'armée assié-
geante des vivres et des munitions.

« Et le samedy XXI iour du dict mois, entrérent les
« comtes de Foix et de Dunois dedans la dicte cité de
« Bayonne ; et entrérent avec le dict comte de Foix le
« grand maistre d'hostel du Roy, le seigneur de Lau-
« trec, frère du dict comte, le seigneur de Noüailles,
« et le seigneur de la Bessière et plusieurs autres : et
« y en auoit devant eux mille archiers que gouuernait
« l'Espinace ; et après venoient deux héraulx dù Roy
« et autres, portans leurs cottes d'armes ; et après
« messire Bertrand d'Espaigne, Seneschal de Foix,
« armé tout au blanc, qui portoit la bannière du Roy
« et cheuauchoit un coursier couvert de veloux cra-
« moisy. Après venoit le comte de Foix, armé au blanc
« monté sur un coursier moult richement habillé, et
« estoit emprès lui son seneschal de Biarn, aussi bien
« monté, et richement habillé, et auoit à son cheval
« un chauffrain d'acier, garny d'or et de pierres pré-
« cieuses, prisé à quinze mille escus, et grand nombre
« de gens après luy ; et sans interualle venoient six

« cents lances à pied : et de l'autre part , entra le
« comte de Dunois, et avoit deuant lui douze cents
« archiers ; après deux des héraulx du Roy, et autres,
« portant diuerses armes. Après venoit messire Jamet
« de Saueuses, monté sur un coursier, portant l'une
« des bannières du Roy. A icelle entrée, le dict comte
« de Dunois feit cheualier le dict Jamet, le seigneur
« de Montguyon, Jean de Montmorin, et le seigneur
« de Boussey. Après la dicte bannière entra le dict
« comte de Dunois, tout armé au blanc et son cheval
« couuert de veloux cramoisy ; après le seigneur
« Lohéac, mareschal de France, le seigneur d'Orual
« et plusieurs autres grands seigneurs, et derrière
« eux, six cents lances. Ainsi, tantost se rencontrèrent
« près de la grand église et à la porte d'icelle estoient
« l'euesque reuestu en pontificat , les chanoynes et
« autres gens d'église reuestuz en chappes, qui les
« attendoient à tout les relicques ; et là descendirent à
« pied les dicts seigneurs, et baisérent les dictes re-
« licques, et allérent faire leur déuotions dedans la
« dicte église : puis s en allèrent en leurs logis ; et en-
« uoya le dict comte de Foix la couuerture de son
« coursier, qui estoit de drap d'or, prisée à quatre
« cents escus d'or, deuant Nostre Dame de Bayonne,
« pour faire des chappes ; et le lendemain, qui fut
« dimanche, les dicts seigneurs vindrent ouyr messe
« en la dicte église ; et y estoit avec eux le seigneur
« d'Albreth, qui y estoit entré le samedy au soir, et
« après la messe, prindrent le serment de ceux de la
« ville ; et y fût commis maire en icelle messire Jean

« le Boursier, général de France, et messire Martin
« Gracien, capitaine, les quels demourèrent pour gou-
« verner et garder la dicte ville ; et le lundy prochain
« les dicts seigneurs auec leurs gens s'en allèrent au
« pays à eux assigné pour viure. »

Bayonne était ainsi restée trois cents ans sous la
domination des Anglais.

ÉVÊQUES DE BAYONNE PENDANT CETTE PÉRIODE.

Fortanier, en 1152.
Pierre-Bertrand d'Espelette, en 1170.
Ademar, en 1179.
Bertrand de Lazarre, en 1186.
Raymond d'Onzac, en 1213.
Sans de Haitze, en 1259.
Dominique de Mans, en 1279.
Arnaud Raymond de Montagne, en 1304.
Pierre de Maremne, en 1309,
Bernard Deville, en 1316.
Pierre de Maslac, en 1316.
Pierre de Saint-Jean, en 1318.
Guillaume Dupin, en 1357.
Guillaume Vital de Saint-Jean, en 1359.
Pierre d'Oraich, en 1371.

Barthélemy d'Arribeyre, en 1383. — Nicolas, à St-Jean-Pied-de-Port, en 1383.
Gaston Ménendez, en 1394. — Garcias d'Euguy, id., en 1385.
Guillaume de La Borde, en 1413. — Pierre du Vernet, id., en 1406.
Garcias de la Ségue, en 1444. — Pierre de Mauloc, id., en 1417.

MAIRES DE BAYONNE PENDANT CETTE PÉRIODE.

Nicolas de Lahet (1233). — Brunet, seigneur de St-Pée (1240). — Bertrand de Podensac (1255). — Pierre Arnaud de Barat (1282). — Pascal de Ville (1296). — Pellegrin de Ville (1297). — Raymond de Ville (1298). — Pascal de Ville (1299). —

Pellegrin de Ville (1303). — Raymond-Arnaud Dardie (1306). — Jean de Ville (1310). — Loup de Bourgoin (1315). — Bernard de Ville (1320). — Jean de Ville (1322). — Jean Dardie (1326). — Laurent de Ville (1327). — Vital de Castet (1334). Barthélemy de Ville (1335). — Pierre-Arnaud de Ville (1336). — Saubat de Ville (1337). — Arnaud Dardie (1338). — Pellegrin Duire (1339). — Pès de Puyane (1341). — Pierre de Ville (1344). — Pierre Privat (1352). — Perremon du Luc (1359). — Saubat de Mente (1365). — Vital de St-Jean (1366). — Antoine de Belsunce (1372). — Saubat de Mente (1375). — Jean de Sévérac (1378). — Jacques de Lesbay (1379). — Sans d'Arribeyre (1380). — Pierre de Béhombe (1381). — Pierre de Ville (1382). — Barthelemy de Ripéria (1383). — Jean de Lesbay (1384). — Boniface de la Duch (1387). — Barthélemy de Lesbay (1388). — Vital de St-Jean (1392). — Michel de Goalard (1403). — Bernard d'Arribeyre (1404). — Pierre d'Arribeyre (1407). — de Castelnau (1408). — Barthélemy de Lesbay (1415). — Jean de Lesbay (1419). — Pierre d'Arribeyre (1420). — Vital de St-Jean (1422). — Thomas Dorton (1434). — Guilhem-Arnaud de Ville (1436). — Saubat de Mente (1439). — Pierre Chetwind (1441). — Robert Clyfton (1445). — Astley (1446). — Georges Salviton (1449).

V.

BAYONNE DEPUIS LA CONQUÊTE DE CHARLES VII JUSQU'A LA RÉVOLUTION

Les Bayonnais, auxquels manquait, depuis long-temps déjà, l'appui de l'Angleterre, s'étaient soumis avec bonheur à Charles VII; mais, bientôt après, ils conçurent des inquiétudes sur les suites de cet événement. Ils regrettaient déjà les marchés de l'Angleterre et les franchises dont ils jouissaient à l'ombre de son pavillon. Dans ces conjonctures, ils envoyèrent une députation au roi, alors à Taillebourg, pour lui renouveler leur hommage et ce prince remit aux délégués une déclaration maintenant la ville de Bayonne en jouissance de ses privilléges, franchises et immunités, avec cette réserve, qu'à l'avenir, les bourgeois seraient privés de toute influence dans la nomination du maire, que le nombre des échevins serait ramené à dix et celui des conseillers à vingt-quatre. Enfin, il réduisit de quarante à vingt mille écus la contribution que devait payer la cité.

Louis XI vint à Bayonne en 1463 ; il fut parfaitement accueilli et eut, au château d'Urtubie, une entrevue avec Henri IV, roi de Castille.

Odet d'Aydie, seigneur de Lescun, plus tard comte de Comminge, signa, en 1469, un traité avec le roi, qui lui accorda le gouvernement des deux châteaux de Bayonne et donna la place de maire à Guillaume de Soulainville.

Vers 1489, Charles VIII fit achever la construction des deux grosses tours rondes du Château-Neuf. En démolissant, en 1688, les assises d'un petit ouvrage fortifié, appelé « pied de mulet », situé entre ces deux tours, on découvrit une sorte de grosse médaille en fonte, portant sur l'une de ses faces les armes et la devise de la ville, et sur l'autre, trois fleurs de lis avec ces mots : « *Coart de l'an 1480.* »

Un hôtel des monnaies fut, en vertu de lettres patentes de Charles VIII, établi à Bayonne par Adoart de Clerbourt, général des monnaies. On y frappa la première pièce le mardi-gras de 1490.

Le roi Louis XII (1498) confirma aux Bayonnais leurs immunités maritimes et commerciales et déclara « qu'ils avaient le privilège exprès de demeurer à per-« pétuité sous sa seigneurie et commune, et d'être « unis et conjoints, en son vrai domaine, sans qu'ils « pussent en être séparés ni mis en autres mains pour « quelque cause que ce fût. »

Vers cette époque, où la découverte de l'Amérique allait ouvrir aux Bayonnais une nouvelle source de prospérité, un événement extraordinaire frappa d'un coup funeste leur commerce maritime.

On sait qu'il existe, à l'embouchure de l'Adour, une *barre* ou digue formée de dunes mouvantes. A la suite d'une tempête, les sables s'amoncelèrent sur cette digue et en firent une barrière impénétrable. Les eaux de l'Adour, refluant sur elles-mêmes, forcèrent leur lit du côté de *Cap Breton ;* les habitants de ce village, profitant de la situation, reçurent dans leur port de nombreux navires et même embarrassèrent, par des amas de sable, la partie du canal conduisant à Bayonne. Des hostilités, qui menacèrent de devenir sanglantes, s'en suivirent. En vain, Louis XII rendit-il des ordonnances en faveur des Bayonnais. Les habitants de Cap Breton n'en tinrent aucun compte.

En 1579, Louis de Foix, revenant d'Espagne, où il avait bâti l'Escurial, fut chargé par Henri III de travaux considérables à la barre, afin de rouvrir à la navigation le port de Bayonne. Ces travaux étaient presque terminés, mais le flot les détruisit ; on croyait donc tout perdu, quand il survint une crue d'eau extraordinaire qui dégorgea le canal et rétablit la libre communication du fleuve avec la mer. On a célébré longtemps cet heureux événement par une procession annuelle le 28 octobre de chaque année, jour de saint Philippe et saint Jude.

Un arrêt du Parlement de Bordeaux approuva, en 1514, le Recueil des coutumes de la ville, cité et prévoté de Bayonne, rédigé par messire Mondot de la Marthonie, chevalier et premier président, et maître d'Armendaritz, conseiller en ladite cour, commissaires députés par le roi.

« La coutume de Bayonne, dit M. de Hureaux, a « bien des rapports à celle de Paris ; elle conserve « encore un reste de la superstition des payens, en « donnant au premier enfant mâle, soit en directe, « soit en collatérale, la maison principale qu'elle ap-« pelle *lar*, venant de *lares* ou dieux domestiques, « pour sortir nature ou caractère de *lar*. Cette maison

« doit descendre successivement en ligne directe jus-
« qu'à la quatrième génération. La rigueur de cette
« disposition était autrefois si grande, que le *lar* ap-
« partenait en entier au premier mâle, sans que les
« puinés y pussent prétendre aucune portion ou légi-
« time, quand même il n'y aurait eu d'autres biens
« dans la succession ; mais enfin cette barbarie, qui
« blessait le droit naturel, a été corrigée par le non
« usage. »

Voici, à titre de renseignement, quel était l'ordre de
la procession du Saint-Sacrement, au XVIe siècle.
Nous le transcrivons ici afin de faire connaître le
nombre et le rang des corps de métiers qui existaient
anciennement à Bayonne.

DE LA PROCESSION DU CORPS DE DIEU

« Celui-ci est l'ordre de ceux qui doivent porter les
« cierges à la procession de la Fête-Dieu, de toute
« ancienneté gardé et observé ;

Savoir :

La confrérie de Saint-Thomas.
La confrérie de Saint-Léon.
La confrérie de Saint-Gracian.
La confrérie des Carmes.
La confrérie de Saint-François.
La confrérie de Saint-Pierre, martyr.
Les tisserands.

Les portefaix.
Les avironniers.
Les doreurs.
Les braymens (rouleurs).
Les bouviers.
Les durangers (mégissiers).
Les fourniers (boulangers).
Les meuniers.
Les barbiers.
Les vignerons.
Les tourniers (tourneurs).
Les galupiers.
Les savetiers.
Les pêcheurs de mer salée.
Les tilloliers.
Les charpentiers de maison.
Les pêcheurs de mer douce.
Les merciers.
Les doaliers (tonneliers).
Les feseurs de cordes.
Les faures (forgerons).
Les bouchers.
Les quincailliers.
Les charpentiers de navire.
Les mariniers.
La ville.
L'Évêque.

« Auxquelles processions et toutes autres les religieux
« sont tenus aller, sur peine d'être frustrés de de-
« mander l'aumône, sans nul merci. »

Les corps de métiers, dont plusieurs comptaient plus de cent maîtres, étaient précédés par des musiciens jouant de la flûte et du tambourin. Ils avaient chacun leur drapeau et un grand chandelier d'apparat, orné des attributs de la profession. La solennité, très pompeuse, attirait à Bayonne une foule considérable d'étrangers.

Lors de la guerre qui éclata, en 1521, entre les Français et les Espagnols, l'attention du gouvernement fut appelée sur la ville ; on s'occupa d'augmenter ses moyens de défense en élevant la terrasse allant du Château-Vieux à la Nive et en dégageant les fronts de Mousserolle et de Saint-Léon, dont le faubourg fut abattu. En 1523, les Espagnols attaquèrent Bayonne, mais ils furent repoussés avec perte par les habitants que commandait le brave Lautrec, gouverneur de la Guienne.

François Ier, qui avait été fait prisonnier à la bataille de Pavie, arriva à Bayonne en 1526. Les habitants l'accueillirent avec joie ; sa mère et sa cour étaient venues à sa rencontre.

C'est à Bayonne qu'eut lieu en 1565 l'entrevue de Charles IX et de sa mère, Catherine de Médicis, avec Elisabeth, reine d'Espagne, accompagnée du duc d'Albe. Catherine et le roi logeaient à l'évêché, la reine d'Espagne, à la maison Montaut. Il y eut des fêtes splendides, joûtes, tournois et bals.

Abel Joan nous donne le récit suivant de ces divertissements :

« Le samedi, 23 juin 1565, leurs majestés firent un

« festin aux seigneurs et dames d'Espagne, dans une
« île (l'Ile de Rol) distante de Bayonne environ d'une
« lieue, tellement que toute la compagnie y fût con-
« duite en barques et en bateaux, somptueusement et
« magnifiquement accoutrés ; et, en passant, eût le
« plaisir de voir nager et combattre sur mer, baleines,
« tortues, chevaux, loups, tritons et autres semblables
« animaux et monstres marins fort bien représentés
« au naturel. Le festin fût bien l'un des plus braves et
« somptueux qui ait été fait de mémoire d'homme ;
« car, outre la rareté et le délicat apprêt des viandes,
« tout le service y fût fait par gentilshommes et da-
« moiselles, déguisés en bergers et bergères fort riche-
« ment et mignardement habillés. »

Le plan de la Saint-Barthélemy fut concerté au milieu de ces réjouissances, par Catherine de Médicis et le duc d'Albé.

La réforme avait fait peu de prosélytes dans la ville. On ne constate, en effet, qu'un seul acte de rigueur exercé, pour cause d'hérésie, à l'égard d'un nommé René, menuisier, qui, en 1546, fut condamné à faire amende honorable à Dieu, au Roi, à la Justice, pieds et tête nus, en chemise, une torche ardente à la main, la corde au cou, et un fagot sur les épaules ; à assister, placé sur un échafaud, à un sermon dans la cathédrale ; là, à genoux, à faire abjuration publique de son hérésie ; à être fouetté par le bourreau dans tous les carrefours de la ville, et, enfin, à être banni de Bayonne à perpétuité.

Le gouverneur de la ville, Adiram d'Aspremont,

vicomte d'Orte, reçut, en 1572, l'ordre de faire massacrer les hérétiques, qui étaient peu nombreux, du reste. Mais ce dernier répondit aux lettres du roi en ces termes : « Sire, j'ai communiqué le commande-« ment de Votre Majesté à ses fidèles habitans et gens « de guerre de la garnison, et je n'y ai trouvé que « bons citoyens et braves soldats, *mais pas un bour-* « *reau :* c'est pourquoi eux et moi supplions très « humblement votre dicte Majesté vouloir employer, « *en choses possibles* , pour si hasardeuses qu'elles « soient, nos bras et nos vies, comme étant, aütant « qu'elles dureront à son service. »

Cette réponse si noble se passe de commentaire.

C'est seulement en 1575 que le vicomte d'Orte quitta le gouvernement de Bayonne. Il existe, dans les archives de la ville, une lettre de Charles IX, de mai 1574, par laquelle, sur les remontrances des habitants, il est ordonné au vicomte d'Orte de se conduire avec plus de douceur.

Le collège fut bâti en 1588 ; la place de principal fut occupée pendant quelque temps par le célèbre Jansénius.

On découvrit, en 1594, un complot qui avait pour but de livrer la ville aux Espagnols. Un des principaux conjurés était un certain Château Martin, natif de Lyon et ancien marchand, qui avoua tout et désigna ses complices, dans les tourments de la question. Il fut rompu vif, ainsi que deux d'entre eux ; leurs corps furent exposés sur les roues et leurs têtes mises sur des poteaux élevés aux portes de la ville, du côté de l'Espagne.

Le 10 octobre de la même année, le comte de la Hillière, qui avait succédé au vicomte d'Orte, fut remplacé lui-même, dans le gouvernement de la ville, par le maréchal de Biron ; mais ce dernier ne fit que passer dans cet emploi qui échut, le 3 janvier 1595, au comte de Gramont, Antoine II qui devint, aussi, maire de Bayonne.

Au commencement du XVIIᵉ siècle, Henri IV enjoignit aux juifs de sortir, sous un mois, de l'étendue de la côte et de la frontière de Biscaye où il s'en était répandu une quantité incroyable. L'arrivée des juifs aux environs de Bayonne datait de leur expulsion d'Espagne par Ferdinand et Isabelle. Ils habitaient, pour la plupart, le bourg « Saint-Esprit » où ils faisaient des commerces de toute sorte. Ajoutons qu'en 1706, c'est-à-dire cent ans plus tard, un juif ayant osé acheter une maison à Bayonne sous le nom *d'une tierce personne*, le Roi rendit une Ordonnance pour lui interdire la faculté de venir *demeurer* ou *s'habituer dans la dicte ville*.

Le 30 octobre 1615 la princesse Elisabeth, fille d'Henri IV, fiancée à l'infant d'Espagne, arriva à Bayonne où elle fonda un couvent de frères capucins. La princesse assista, le 3 novembre suivant, à la plantation de la croix dudit couvent en présence de seigneurs et dames de la Cour, du gouverneur de Bayonne, le seigneur de Gramont, et des échevins en robes rouges.

Le 11 du même mois, l'infante Anne d'Autriche, fiancée au roi Louis XII, fit son entrée aux flambeaux et repartit le lendemain à midi.

En 1636, les Espagnols pénétrèrent dans le Labourd et prirent St-Jean-de-Luz et le fort de *Socoa*. Le duc d'Epernon, bientôt suivi de son fils, le duc de la Valette, arriva à Bayonne et releva le courage des habitants. Le duc d'Epernon s'assura du pont de bois qui communiquait de la ville au bourg de St-Esprit, en faisant construire les forts St-Bernard et St-Louis sur des éminences qui dominaient ce pont et en y plaçant des troupes venues de la Guienne. Mais les Espagnols ne firent aucune tentative contre Bayonne ; l'année suivante, le duc de la Valette fondit, avec les milices du Labourd, deux régiments et des compagnies de gens d'armes et de chevaux légers, sur les Espagnols qui occupaient le *Socoa* et les força à abandonner leur conquête.

Nous avons dit qu'en 1595, Antoine II, de Grammont, était gouverneur et maire de Bayonne. Henri IV lui avait formellement accordé, par lettres patentes, l'hérédité de cette dernière charge, avec faculté de nommer, de deux en deux ans, un lieutenant de maire du corps des bourgeois. Mais, sous Louis XIII, on fit comprendre au duc de Gramont qu'il ne pouvait cumuler les deux fonctions· Il disposa donc de la charge de maire, en 1631, en faveur de son secrétaire, le sieur Robillard, ce qui blessa grandement le corps de ville et la bourgeoisie, très peu flattés d'avoir un pareil chef. Cependant Robillard ayant proposé d'abdiquer ses droits, moyennant une indemnité raisonnable, on s'empressa de donner à l'ancien secrétaire une somme de 24,000 francs. Un arrêt du 2 juin 1633, incorpora l'office de maire à celui de premier échevin avec tous ses émoluments, honneurs et prérogatives. La maison de Gramont resta pourtant attachée à la ville par une raison d'intérêt, car elle possédait la moitié du revenu des droits de coutume ; c'était un don de Henri IV en mémoire de sa tendre liaison avec la belle Corisandre, comtesse de Gramont, suivant les uns, en échange du palais de l'Ombrière et du château de Blaye, suivant les autres.

Le 22 juin 1638, arriva à Bayonne le prince de Condé, placé par le roi à la tête d'une armée chargée d'investir Fontarabie. Les Bayonnais aidèrent de leur mieux les assiégeants, mais cette campagne n'eut aucun succès et les Français dûrent se replier en déroute.

A ce moment vivait Jean Duvergier de Hauranne, abbé de St-Cyran, né à Bayonne, en 1581. Ami et confident de Jansénius, il contribua beaucoup à accréditer en France sa doctrine sur la grâce ; il l'accompagna, en 1606, à Bayonne, où Jansénius fut, comme nous l'avons dit, nommé principal du collège. En 1638, le cardinal de Richelieu considérant l'abbé de Saint-Cyran comme un fou dangereux, le fit enfermer à Vincennes. Mis en liberté en 1643, il mourut le 11 octobre de la même année.

Les Espagnols tentèrent à nouveau, en 1651, de surprendre Bayonne. L'artisan de ce complot fut un Espagnol, nommé Pedro Moñez Mantilla. Il s'était engagé à introduire les Espagnols dans le Château Vieux et avait pris, dans ce but, les empreintes des clefs du fort, mais une lettre interceptée et la surveillance assidue d'une certaine Marion Garay, chez laquelle il logeait, firent découvrir le complot. Il fut condamné à mort le 1er avril 1651 ; sa tête fut attachée à un poteau et exposée pendant plusieurs jours sur le boulevard du Château-Vieux. Une pension annuelle de trois. cents livres fut octroyée à la fidèle Marion Garay.

Les Jésuites essayèrent, vainement, de s'établir à Bayonne et à Saint-Esprit. Ils en furent chassés en 1657 et en 1683.

Bayonne resta fidèle au roi pendant les troubles de la Fronde (1).

Le 17 juillet 1659, le cardinal Mazarin y arriva, venant de Bidache, accompagné des maréchaux de Gramont, de Villeroi et de Clérembault. Il descendit à l'évêché et partit pour Saint-Jean-de-Luz, où il résida pendant la durée de ses négociations avec Don Luiz de Haro.

La paix entre la France et l'Espagne fut conclue le 7 novembre 1659.

« Le 1er mai suivant, le Roy arriva, avec son frère et Madame, dans le carrosse de la Royne mère. Le duc d'Epernon lui présenta le sieur d'Olives, premier échevin, lequel, à genoux, et assisté de tout le corps municipal, fit son compliment au nom de la ville.

« Le pont de Saint-Esprit était bordé de quatre à

---

(1) Des lettres officielles de remercîment furent adressées à la ville par la Reine régente à l'occasion du concours des Bayonnais pendant cette période.

cinq cents mousquetaires. Pendant que sept joueurs
de hautbois, venus de Toulouse, faisaient entendre, sur
la rivière, la plus douce harmonie, qu'interrompait,
par intervalles, l'artillerie de la place, des forts et des
vaisseaux, vingt chaloupes, montées par de vigoureux
matelots en bonnets rouges et en vestes blanches,
bordées de taffetas bleu, exécutèrent, sous les yeux
du Roy, des évolutions dont on admira la précision
et la variété.

« Le Roy logea rue Orbe, chez les sieurs Sorhaindo
frères, et la Royne mère à l'évêché. On offrit à Leurs
Majestés plusieurs présents, entre autres cent piques
dont les fers étaient dorés, des jambons et des con-
fitures. Le Roy resta huit jours dans la ville et en
parcourut les environs. Il partit, le samedy 8 mai, pour
Saint-Jean-de-Luz, où il épousa, le 9 juin suivant,
l'infante Marie-Thérèse d'Espagne.

« A son retour, le 15 juin, le Roy entra avec la Royne
par la porte Saint-Léon, richement décorée d'arcs de
triomphe, d'emblèmes et de devises. Les habitants,
au nombre de deux mille, étaient sous les armes,
commandés par les sieurs de Naguille, Dussanet et
d'Arguibel. Un dais magnifique, qui précédait le
carrosse de Leurs Majestés, était porté par les Échevins. De superbes tapisseries ornaient toutes les rues.

« En descendant à l'évêché, le Roy et la Royne furent
reçus dans un grand pavillon cramoisi, enrichi des
armes de France et rehaussé en broderies d'or et
d'argent. Leurs Majestés partirent le 16, à neuf heures
du matin, après la messe. Vingt-quatre chaloupes et

plusieurs grands bateaux, ornés de peintures d'or et d'azur, transportèrent la cour à Dax.

« Ces fêtes coûtèrent à la ville une centaine de mille francs. »

« Le 23 mars 1674, le comte de Louvigny, gouverneur de Bayonne, arriva dans cette ville. Il fut reçu, au bout du pont de St-Esprit, par M. de Saint-Pé et MM. du corps de ville, revêtus de robes rouges. Il passa à travers une double haie de quatre cents hommes et se rendit au château. »

Vers cette époque, les jurats ayant été avisés que les Hollandais avaient décidé d'attaquer Bayonne, de concert avec les Espagnols, prirent les dispositions les plus sérieuses pour mettre la ville en état de défense ; mais, bientôt après, on apprit que les Hollandais avaient renoncé à leur projet.

Cependant l'attention de Louis XIV avait été éveillée par ce fait sur le peu de sécurité qu'offraient les fortifications. Le célèbre Vauban fut chargé de préparer un plan pour élever la place de Bayonne au degré de force exigé par sa position sur la frontière.

La garnison fut augmentée ; on fit de grands travaux extérieurs de défense ; on bâtit des corps de caserne pour quinze cents hommes environ, au Réduit et au Château-Neuf, et l'on agrandit le Château-Vieux. Sur la rive droite de l'Adour, on construisit, au sommet d'une colline commandant la ville, le pont Saint-Esprit et le chemin de la mer, une citadelle, avec magasins et logements pour mille hommes.

« Le 13 janvier 1701, Philippe V, Roy d'Espagne,

arriva à Bayonne, accompagné des ducs de Bourgogne
et de Berry. Il descendit à l'évêché et partit, le 19,
pour Saint-Jean-de-Luz. »

La ville lui donna pendant son séjour des fêtes très
brillantes.

« On avait, rapportent les chroniques, loué une
« troupe de danseurs basques, qui, chargés de son-
« nettes et accompagnés de tambourins, firent des
« merveilles, dansant et sautant d'une manière ex-
« traordinaire. »

« Il y eut une course de taureaux à la place Gramont,
où l'on avait élevé un amphithéâtre pouvant contenir
de quatre à cinq mille personnes, sans comprendre des
galeries fort étendues, construites le long de la façade de
la grande maison de la Douane, avec une loge expres-
sément faite pour les grands et seigneurs d'Espagne. »

« Et nos dicts seigneurs les princes étant entrés
« et placés, les trompettes se firent de nouveau
« entendre, comme pour donner le signal de com-
« mencer le déduit de la course. Aussitôt, on vit en-
« trer, par le bout opposé à celui où était le Roy, dix
« hommes vêtus de buffle, avec une veste de soie par
« dessus et des bas rouges ; ils saluèrent Sa Majesté
« et lui présentèrent ensuite trois mules attelées à une
« volée. Elles étaient menées par deux autres et
« avaient des rubans bleus, jaunes et rouges sur la
« tête ; il y avait deux autres hommes pour les fouetter.
« Ensuite les dix toréadors se prosternèrent devant le
« Roy pour lui demander la permission de combattre
« les taureaux ; et, l'ayant obtenue, ils allèrent vive-
« ment se poster à dix pas de la porte, armés de deux

« petits dards chacun, ornés d'une banderolle de taffe-
« tas couleur d'or. Sitôt qu'ils furent en place, ils
« crièrent, en langue espagnole, qu'on eût à lâcher le
« taureau, ce qui fut exécuté. Et le combat fut très
« adroit aussi bien celui des neuf ou dix autres qui
« sortirent l'un après l'autre et qui furent tous tués,
« d'une manière différente, sur la place, et aussitôt
« accrochés par la volée des trois mules. »

« La ville offrit au Roy d'Espagne, à titre de présents, douze grandes corbeilles de vin rouge et blanc
de cap Breton, du vin de Rancio, des jambons de
Lahontan et plusieurs barils de cuisses d'oies. »

« Le 20 septembre 1706, Marie-Anne de Bavière-
Neubourg, veuve de Charles II, Roy d'Espagne, vint
résider à Bayonne. Quelques intrigues où elle s'était
trouvée compromise lui avaient fait interdire le séjour
de l'Espagne. Cette princesse fut reçue par le corps de
ville à la porte de Saint-Léon. Le comte de Gramont
et M. de Gibaudière, lieutenant du Roy, précédaient
son carrosse. Elle avait à sa droite sa première dame
d'honneur, à sa gauche, le maire. Elle descendit au
Château-Vieux ; la ville était illuminée, les rues tapis-
sées.

« Pendant une résidence de 32 ans, qu'Anne de Neubourg fit à Bayonne, elle se concilia, par ses aimables
qualités, l'affection de tous les habitants. Plusieurs
d'entre eux occupèrent des emplois dans sa maison.
Elle aimait à réunir, dans des fêtes et des bals, la bonne
société de la ville. Sa dépense était considérable ; une
pension de quatre cent mille ducats que lui faisait la

cour d'Espagne ne l'empêcha pas de laisser à son départ douze cent mille francs de dettes que Ferdinand VI acquitta dans la suite. On prétend que son cœur ne resta point insensible aux sentiments de l'amour, que même un jeune et aimable officier, nommé le chevalier de Larratéguy, eut avec elle une liaison d'une nature fort intime, dont une fille fut le fruit mystérieux (1).

« Avec un beau teint et une taille majestueuse, quoique trop chargée d'embonpoint, Anne avait peu d'agréments extérieurs. Elle habita successivement le Château-Vieux, la maison appelée « le Palais », située rue Montaut, Lissague et Saint-Michel. Après avoir fait bâtir à grands frais le château de Marrac, elle ne voulut point y loger, piquée, dit-on, de ce qu'une dame de sa suite y avait occupé un appartement sans ses ordres et avant son installation. Elle fit plusieurs voyages à Saint-Jean-Pied-de-Port, à Bidache, à Cambo et à Tercis. Sur la fin de son séjour, l'état de sa santé lui rendait souvent nécessaire l'usage des eaux thermales. Une maladie dangereuse la conduisit, en 1736, aux portes du tombeau.

« Chaque année, le jour de Sainte-Anne, les magistrats allaient lui offrir un bouquet de fleurs avec des vins précieux, du jambon, du gibier, renfermés dans des corbeilles élégantes, travaillées en fil d'argent. Des

(1) Un fait certain, c'est que le frère aîné du chevalier de Larratéguy, fut longtemps détenu au château d'If, pour avoir, un jour que la Reine était arrêtée par la foule, sur le pont Majour, crié malignement : « *Place à ma belle sœur !* »

visites de corps lui étaient faites chaque fois qu'elle s'éloignait de Bayonne ou qu'elle y revenait. Dans les fêtes publiques, qu'elle honorait de sa présence, ses désirs étaient consultés et suivis avec une respectueuse déférence.

« Pendant sa maladie, on descendit la châsse des reliques de Saint-Léon, comme en un temps de calamité ; en actions de grâces de sa guérison, il y eut une procession solennelle de tous les corps religieux, civils et militaires. Anne s'étant montrée sur le trône peu favorable aux intérêts de Philippe V, n'épargnait pas, dans sa disgrâce, les démonstrations d'un retour sincère. En 1724, à la mort du Roy Louis 1er, elle fit célébrer à ses frais un service funèbre où assista toute la cour. Le mausolée, éclairé par plus de sept cents cierges, était d'une grande magnificence.

« Pendant la guerre de la succession, à la nouvelle de quelques avantages remportés par les armées des deux couronnes, son palais prenait un aspect de fête. Elle voulut témoigner publiquement sa joie lors de la publication de la paix d'Utrecht, et assista aux réjouissances nombreuses qui eurent lieu à cette occasion à Bayonne.

« Elle fut rappelée, en Espagne, en 1738.

« A son départ, qui eut lieu le 17 septembre, les deux régiments de Duras et d'Eu, ainsi que toute la milice bourgeoise, étaient sous les armes. Le maire, à la tête de quatre-vingts jeunes gens, bien vêtus et montés, se rendit au palais de Saint-Michel, d'où Sa Majesté partait à midi. Quatre brigades de la maréchaussée ouvraient la marche ; ensuite, venaient les courriers de la Royne, devant le carrosse de respect ; suivaient les fourriers et les sous-écuyers devant le carrosse de Sa Majesté, aux deux portières duquel étaient M. le marquis de Peñafuente, majordome de la maison et des écuries de la Royne, et M. le Maire, à qui Sa Majesté voulut bien déférer cet honneur.

« Les écuyers de Sa Majesté et la jeunesse à cheval, mêlés et sans distinction, marchaient en bon ordre, après le carrosse de la Royne, suivi des carrosses des dames et des officiers de Sa Majesté, tous à huit mules. Le cortège traversa la ville, au bruit de l'artillerie de la place, citadelle, forts et châteaux. Sa Majesté fut saluée de l'esponton et des drapeaux par les troupes de la milice bourgeoise.

« La Royne fit arrêter son carrosse à la porte de Mousserole, où M. Dulivier, à la tête du corps de ville, eut l'honneur de la haranguer, et continua ensuite sa route jusqu'à Lorminthoa, où elle devait coucher. Il fut servi, par ses ordres, une halte magnifique à toute sa suite.

« Le Maire, après avoir eu audience de Sa Majesté en arrivant à Lorminthoa et après la halte, prit congé de la Royne, dont il eut l'honneur de baiser la main. Sa Majesté eut la bonté de lui dire les choses les plus obligeantes, tant pour lui personnellement que pour la jeunesse qui l'avait accompagné, mais surtout pour le compte de la ville dont les habitants, malgré qu'il leur fût dû des sommes immenses par Sa Majesté ou sa maison, n'avaient jamais cessé de lui donner la preuve d'un zèle et d'un respect sans bornes ; ajoutant qu'elle emportait dans son cœur le souvenir des touchantes acclamations et des vœux qui avaient accompagné son départ. »

Il paraît qu'Anne de Neubourg éprouva un vif chagrin en quittant une ville qui lui avait servi d'asile dans sa disgrâce. Elle fut gravement indisposée à Pampelune et ne survécut que deux années à son retour en Espagne ; elle mourut à Guadalajara en 1740.

Le 2 janvier 1722, Mlle de Montpensier, fille du duc d'Orléans, promise au prince des Asturies, arriva à Bayonne. Deux compagnies de grenadiers des régiments de Richelieu et de Touraine et quatre cents cavaliers de Chartres et de Latour l'y avaient précédée. Le 9, dans l'île de la Conférence, où tout avait été préparé par les soins des magistrats de Bayonne, cette princesse fut échangée contre l'infante d'Espagne, Marie-Anne-Victoire, également promise au roi Louis XV. Mlle de Beaujolais, autre fille du duc d'Orléans, fiancée à l'infant Don Carlos, arriva à la fin de l'année. Ces princesses repassèrent à Bayonne, en 1724, Mlle de Montpensier, veuve de Louis Ier, roi d'Espagne, Mlle de Beaujolais et la jeune infante d'Espagne, sans avoir accompli leur mariage.

« En 1727, le corps de ville fit élever, à l'issue de la porte de la place Gramont, une terrasse munie d'organeaux et de canons pour l'amarrage des navires ; quelques arbres y furent plantés. Telle est l'origine des Allées-Marines, promenade splendide aujourd'hui. Ce n'était autrefois qu'un marécage malsain, traversé par une mauvaise chaussée. Son terrain primitif est formé du lest inutile des bâtiments depuis environ un siècle. »

De grands travaux furent exécutés, vers la même époque, dans le fleuve l'Adour, pour assurer la navigation du port de Bayonne ; ils coûtèrent près de 600,000 fr.

On reconstruisit, en 1733, un édifice appartenant à la ville sur la place Gramont. Des médailles furent frappées à cette occasion à la monnaie de Bayonne. Elles portaient, sur une face, les armes de la ville avec sa devise : « *Nunquam polluta* » ; sur l'autre, l'exergue : « *Sedes extructæ anno 1733* », et la légende : « *Urbis ornamento et commodo.* »

Ce bâtiment servit plus tard de théâtre.

« Le 25 janvier 1745, l'infante Marie-Thérèse, d'Espagne, allant à Versailles pour épouser le Dauphin, s'arrêta à Bayonne. L'accueil fait à cette princesse fut des plus enthousiastes. On avait fait construire, de chaque côté de la place située entre le corps de garde des troupes bourgeoises et les tours de Mignon, deux rangées de galeries, partagées en diverses loges, que séparaient, les unes des autres, des pilastres couverts de lauriers artistement rangés et formant des berceaux de verdure. La première galerie était occupée par de jeunes demoiselles vêtues de blanc et tenant chacune en main un tambour de basque. Les galeries supérieures, également ornées de lauriers, contenaient les dames et les cavaliers. Sur la face de Mignon, entre les deux tours, était placé un tableau représentant les armes de France et d'Espagne, dans un large cadre de laurier taillé et rangé avec beaucoup de goût. Au-dessous, des massifs de myrtes, de fleurs artificielles, de feuilles de laurier d'Espagne, formaient un portique soutenu par quatre grandes colonnes. La jeune Dauphine qui, voyageant au cœur de l'hiver, n'avait vu depuis longtemps qu'une nature triste et dépouillée, éprouva une délicieuse surprise en arrivant sur la place Mignon.

« Cette riante verdure, ces jeunes demoiselles frappant en cadence leurs tambours, ces dames, ces cavaliers, ce peuple innombrable, faisant retentir l'air de leurs acclamations, tout ce spectacle lui parut une véritable féerie. Elle en fut vivement émue et témoigna, lors de son départ, le plaisir que lui avait causé l'aimable accueil des Bayonnais. »

On créa, en 1752, les allées, dites « de Paulmy », entre les allées Marines et la porte d'Espagne. Le ministre secrétaire d'État, M. le marquis de Paulmy, étant venu visiter les fortifications, le corps de ville obtint de lui l'autorisation de planter ces allées et leur donna son nom.

Les allées appelées « de Boufflers » existaient avant 1680 ; c'était, « avec la place Bourgeoise », qui occupait l'emplacement actuel du Réduit, la promenade de la belle compagnie. Un écrit du temps appelle ce lieu « *l'ornement de la ville.* »

La ville décerna, en 1763, à M. d'Étigny, intendant, le titre de citoyen. Le maréchal de Richelieu étant venu à Bayonne le 16 juillet 1764, le maire lui présenta un titre semblable dans une enveloppe en forme de livre, assujetti par deux agrafes d'or, et dont la couverture portait d'un côté les armes du maréchal et, de l'autre, celles de la ville.

Le marquis de Lafayette reçut également ce titre en 1785.

En 1770, le pont St-Esprit fut emporté par les eaux. Il fut reconstruit, mais il ne subsista que jusqu'en décembre 1791.

Le 24 juin 1777, l'empereur Joseph d'Autriche, frère de la reine, gardant l'incognito, sous le nom de comte de Falkensteyn, accompagné des comtes de Colloredo et de Cobentzel, arriva à Bayonne et descendit à l'hôtel St-Étienne. Le maire s'y présenta ; l'Empereur lui fit répondre « qu'il était sensible à son attention, mais que trop fatigué pour voir personne, il ne pensait qu'à se reposer. » Pareille réponse fut donnée aux chefs des corps militaires et autres.

« Le comte d'Artois, frère de Louis XVI, et le duc de Bourbon , fils du prince de Condé , visitèrent Bayonne, en 1782. Cinquante jeunes gens formèrent la garde de ces princes pendant leur séjour. On leur donna toutes sortes de divertissements, bal, festin et *panperruque.*

« La panperruque est une danse du pays, qui remonte à une haute antiquité. Des jeunes gens et des jeunes filles, costumés avec élégance ou d'une manière singulière, suivant l'occasion, et formant une chaîne avec des rubans, parcourent la ville au bruit des tambours et de la musique. Ils s'arrêtent par intervalles, et ordinairement devant les personnes auxquelles on veut faire honneur, pour danser des *dabes-dabes,* espèces de rondeaux en saut basque, qu'ils terminent en défilant, un à un, sous le ruban du roi ou chef de la danse.

« A peine le comte d'Artois se fut-il assis sur le balcon élégant, élevé place de Gramont, le long de la salle de comédie , que la panperruque parut, au bout opposé de ladite place, marchant gravement sur deux files, au bruit des tambours et des instruments de musique, éclairée par cinquante flambeaux de cire blanche. Le prince fut frappé de cet aspect, et, se levant avec précipitation, il battit des mains et parut enchanté. Le coup-d'œil était très brillant et très agréable, principalement par la bonne grâce des danseurs et des danseuses, et par la manière galante dont ils étaient habillés. »

Nous voici arrivés à la veille de la Révolution.

A ce moment, les petits marchands et les artisans se voyaient avec peine, exclus des charges municipales ; un sourd mécontentement germait en eux. Ajoutons que la violation de plusieurs anciens droits et privilèges, à eux autrefois octroyés , les disposait singulièrement à appuyer de toutes leurs forces la grande manifestation qui se préparait.

ÉVÊQUES DE BAYONNE PENDANT CETTE PÉRIODE.

Jean de Mareuilh, en 1454.
Jean de Laur, en 1478.
Jean de La Barrière, en 1489.
Bertrand de Lahet, en 1502.
Hector d'Ailly de Rochefort, en 1520.
Jean du Belley, en 1526.
Étienne Poncher, en 1532.
Jean Dufresne, en 1551.
Jean de Sossionde, en 1566.
Jacques Maury, en 1579.
Bertrand d'Échaux, en 1598.
Claude de Reuil, en 1622.
Henri de Béthune, en 1626.
Raymond de Montagne, en 1630.
François Fouquet, en 1637.
Jean d'Olce, en 1643.
Gaspard de Priéllé, en 1681.
Léon de Lalanne, en 1688.
Louis-René de Beauveau, en 1700.
André Druillet, en 1706.
Pierre-Guillaume de Lavieuxville, en 1729.
Jacques Gigault de Bellefonds, en 1736.
Christophe de Beaumont-Durepaire, en 1738.
Guillaume d'Arche, en 1742.
Jules Féron de La Ferronays, en 1774.
Étienne de Villevielle, en 1784.

MAIRES PENDANT CETTE ÉPOQUE.

Nommés par le Roi :

Jean Le Boursier (1541). — Estevenot de La Lauresse (1464).
— Cᵗᵉ de Villars (1469). — Guillaume de Soulainville (1469).—
Étienne de Malençon (1487). — Roger, seigneur de Gramont et
de Bidache.

MAIRES HÉRÉDITAIRES.

Antoine II, duc de Gramont; Antoine III, duc de Gramont.

ÉCHEVINS AYANT EXERCÉ LES FONCTIONS DE MAIRE.

Duvergier de Joannis (1633-1636). — Laurent d'Olives (1636-
1638). — André de Lalande (1638-1640). — Pierre Duverdier
(1640-1642). — Jean de Niert (1642-1644). — Pierre de La
Lande (1644-1645). — Pierre Duvergier de Hauraune (1645-
1647). — Pierre de Ségure (1647-1649). — Antoine de Naguille (1649-1651). — Denis Dacarette (1651-1653). — Jean
Daymar (1653-1655). — Jacques de Lalande (1655-1657). —
Jean de Naguille (1657-1659). — Laurent d'Olives (1659-1661).
— Michel de Joannis (1661-1663). — Duvergier de Belay (1663-
1665). — De Lalande-Gayon (1665-1667). — De Sorhaindo
1667-1669). — De Lalande (1669-1671). — De Lalande, baron
de Hinx (1671-1673). — De Romatet (1673-1675). — Lalande
du Luc (1675-1677). — De Bruix (1677-1679). — Wescomb
(1679-1681). — De Rol (1681-1683). — De Lalande (1683-

1685). — De Larrezet (1685-1687). — De Laborde (1687-1689.
— D'Harriet (1689-1691). — Duvergier de Belay (1691-1693).

En 1692, l'office de maire est rétabli moyennant finance, en
faveur de M. Vinatier, et, après lui, de MM. Lalande et
Dussault.

MAIRES BIENNAUX ÉLUS DE 1724-1790.

Mathieu de Bruix. — Moracin. — De Poheyt. — Dubrocq. —
De Commarieu. — Desbiey. — De Roll-Montpellier. — Duli-
vier. — De Brethous. — Dantès. — De Behic. — Casaubon. —
Picot. — De Brethous. — Desbiey. — Dubrocq. — De
Roll-Montpellier. — Antoine de Brethous. — Pastoureau. —
Sorhaindo. — Castera. — Larue. — Noguès. — Lasserre. —
Monho. — Dubrocq. — Lalanne. — Verdier. — Poydenot.

VI.

LE CHATEAU DE MARRAC. — NAPOLÉON Ier.

Nous prenons la route d'Ustarits, après avoir jeté un coup-d'œil sur la fontaine miraculeuse de St-Léon, située au bord de la Nive, et que l'on a tort de laisser dans un état de délabrement qui fait peine à voir.

Bientôt, nous apercevons le parc de l'ancien château de Marrac, qui fut habité, pendant trois mois, par Napoléon Ier, et qui, plus tard, fut détruit par un incendie. C'est la reine d'Espagne, Marie-Anne de Bavière-Neubourg, veuve de Charles II, qui l'avait fait bâtir pendant son séjour à Bayonne (1706-1738), ainsi que nous l'avons expliqué plus haut.

Voici ce que raconte un écrivain du temps au sujet du séjour à Bayonne du grand Empereur.

« Le 14 avril 1808, à neuf heures du soir, Napoléon arriva à Bayonne, où il résida jusqu'au 21 juillet suivant. Il fit son entrée aux acclamations d'une population immense, éblouie de la gloire qu'il venait d'acquérir à Tilsitt. On avait dressé un arc de triomphe au Réduit, avec diverses inscriptions analogues à la circonstance. On remarqua que, contre l'usage de l'église catholique, toutes les cloches sonnèrent le soir du *Jeudi-Saint*. Napoléon descendit d'abord au Gouvernement, qui avait été meublé par les soins de la

municipalité. Ce logement, étroit et sans dehors, lui
déplut. Peu de jours après, il transféra sa résidence à
Marrac, hors des murs de la ville, où se trouvaient
réunis une maison de quelque représentation, de beaux
ombrages et un espace de terrain suffisant pour un champ
de manœuvres. Il acheta même ce domaine, ainsi que
celui de St-Michel, qui lui est contigu, pour une
somme de quatre-vingt mille francs et fit tracer une
belle route jusqu'à Bayonne. Des baraques en bois,
promptement élevées, servirent de logement à la
garde impériale, chargée de la surveillance du palais,
conjointement avec la garde d'honneur, composée de
deux compagnies, l'une à cheval, l'autre à pied. Le
duc de Wagram, Berthier, s'établit à St-Forcet ;
M. de Champagny, à l'Argenté ; le maréchal Duroc
à St-Michel ; le ministre secrétaire d'État, Maret,
demeurait dans la maison de M. Cabarrus, au Pont-
Majour.

« Quelques heures après son arrivée, Napoléon
reçut les députés portugais. Cet objet occupa peu
l'attention publique qu'absorbaient entièrement les
événements d'Espagne.

« Le 20 avril, dans la matinée, arriva le prince des
Asturies, qui fût logé à l'ancienne Intendance, place
d'Armes, avec son frère Don Carlos ; vers les trois
heures du soir, Napoléon vint le visiter. Ce jour-là, il
conduisait son cheval très lentement, et saluait la foule
de la manière la plus affable, et avec le sourire de la
satisfaction. Les deux princes s'embrassèrent avec les
démonstrations d'une vive tendresse. Le peuple, pré-

sent en grand nombre sous les fenêtres de la maison, faisait éclater sa joie par des acclamations et des applaudissements. La cordialité apparente, qui avait régné dans cette entrevue, répandit dans la cour du prince une joie et une sécurité destinées, hélas ! à trop peu durer !

« Vers les six heures du soir, les voitures de la cour vinrent prendre le prince et l'infant Don Carlos, avec leur suite, et les conduisirent au château de Marrac. Napoléon se rendit avec beaucoup d'empressement et de gaîté jusqu'à la portière du carrosse ; à la descente de la voiture, de nouveaux embrassements eurent lieu, et Napoléon conduisit par la main son hôte dans son appartement propre, car il n'y en avait pas d'autre dans ce local resserré. Après le dîner, Napoléon raccompagna le prince jusqu'à sa voiture. A peine le prince était-il rentré chez lui que le général Savary vint lui faire part des intentions de Napoléon sur la cession du trône d'Espagne.

« Le 26 avril, le prince de la Paix arriva sous une escorte française. On lui donna d'abord pour logement le château de Blaye, près d'Anglet, mais il le quitta peu de jours après pour s'établir à Beyritz.

« Le 1er mai, le roi Charles IV et la reine son épouse vinrent descendre au Gouvernement. La reine d'Etrurie, son fils et le reste de la famille, ne tardèrent pas à les joindre. On accourut de toutes parts sur le passage du roi d'Espagne ; c'était à se croire au milieu de ces grands rassemblements que produisent des fêtes ou des solennités publiques. L'antiquité des équipages , le contraste des costumes français et espagnols, la quantité des voitures chargées des effets de cette cour fugitive, tout frappait les regards, intéressait vivement la curiosité. On ne se doutait pas que ce cortège marchât vers le terme de ses grandeurs..... Je me souviens de l'affluence des personnes qui se précipitèrent autour de la voiture du roi lorsque, venant de Bayonne à Marrac, il se disposa à descendre. Ce prinee souffrait d'un mal de jambe et se soutenait péniblement. Reçu à la descente du carrosse par Napoléon, il ne montra aucun embarras, et, comme pour répondre à l'empressement de la foule, dont les regards le cherchaient, il s'arrêta assez longtemps sur le perron placé à l'entrée du château et s'y tint avec ce calme et cette aisance dans les manières qui naissent de l'habitude du commandement et qui lui conviennent si bien.

« On voyait un homme qui se sentait roi partout où il était.

« Il salua les Français comme il aurait fait sa famille. On fut frappé de la hauteur de sa stature, de l'air de bonté empreinte sur sa figure, de la rondeur de ses manières. La teinte de son visage et de ses cheveux, le caractère de ses traits et de sa physionomie portaient le cachet de la race dont il était issu. Seul, au milieu de l'Espagne, un voyageur l'aurait reconnu pour un Bourbon, et pour un français. La reine, au contraire, avait l'air tout italien. Ceux qui furent à portée de s'entretenir avec cette princesse s'accordèrent à reconnaitre en elle un esprit vif, agréable et fin. Le prince des Asturies avait, à la fois, la taille de son père, quoique moins grand que lui, et les traits de sa mère. L'infant Don Carlos paraissait d'une complexion faible. L'infant Don Francisco sortait de l'enfance et annonçait de la beauté. Le jeune roi d'Etrurie, Louis, joignait à la vivacité de son âge la figure la plus aimable et des manières engageantes. Quand l'infant Don Antonio arriva, on crut revoir Franklin, tant son costume et ses manières le rappelaient. Mais ce qui frappa tout le monde, et non sans quelque impression de tristesse, ce fut de voir les petits fils de Louis XIV s'exprimer difficilement en français.

« On sait, qu'à la suite de cette réunion de la famille royale d'Espagne, le roi Ferdinand fut obligé d'abdiquer la couronne en faveur de son père, et que ce dernier en fit la cession à Napoléon.

« Les princes d'Espagne partirent successivement de Bayonne ; le roi Charles IV, avec la plus grande partie de sa famille pour Compiègne ; le roi Ferdinand et son frère, l'infant Don Carlos, pour Valencey, accompagnés d'un officier de gendarmerie.

« Joseph, que son frère, Napoléon, avait rappelé de Naples, pour le placer sur le trône d'Espagne, arriva le 7 juin. Il quitta Bayonne le 9 juillet pour aller prendre possession de son royaume.

« Pendant son séjour à Bayonne, Napoléon ne passa presque pas un seul jour sans parcourir les environs de la ville. Il sortait quelquefois en voiture, mais le plus souvent à cheval, et précédait toujours, dans sa course précipitée, les cavaliers et les gardes d'honneur qui lui servaient d'escorte. Il affectionnait beaucoup les promenades sur l'Adour, du côté du Boucau. Jamais il n'annonçait l'heure de ses excursions, affectant même de les varier beaucoup et de rentrer dans son palais par les chemins où il se croyait le moins attendu.

« Quelquefois, le matin, de bonne heure, il gagnait, seul et comme à la dérobée, les allées voisines de son appartement, vêtu d'une longue redingote, avec un petit trousseau de papiers sous le bras ; on aurait dit un écolier allant à sa leçon. On l'a vu, sur les plages du Boucau, en présence de ses canotiers et de beaucoup d'autres personnes, poursuivre d'un air folâtre l'Impératrice, et la pousser, jusqu'à mi-jambe, dans les flots de la marée, peut-être le jour même où il avait créé ou dépossédé des rois !

« Sa grande jouissance était de passer des revues dans le parc de Marrac. Là, au milieu des soldats, son visage s'épanouissait ; son regard, ses gestes, sa voix, tout, jusqu'à ses caprices, avait un caractère belliqueux et imposant. Sa présence, seule, réchauffait les courages : une seule de ses paroles soulevait dans les cœurs tous les aiguillons de la gloire. La répugnance pour le service d'Espagne était générale dans l'armée ; la plupart des corps arrivaient mécontents ; le lendemain de la revue, ils partaient gaiement pour Irun. Du reste, la popularité de Napoléon, naturellement un peu romantique, et plus entraînante qu'aimable, était exclusive pour les militaires (1).

(1) Voici un fait arrivé , près d'Angoulême , en 1808. Un régiment était parti de Mausle pour Angoulême. Le colonel ,

A son départ, l'Empereur fit présent de quelques boites enrichies de pierreries au maire et aux commandants de la garde d'honneur. »

prévenu que l'Empereur arrivait le jour même de Paris , tint son régiment dans le meilleur ordre ; aussitôt que la voiture parut, sa troupe se mit en bataille, les tambours battant aux champs. Napoléon passa comme un éclair, sans jeter un regard sur le corps assemblé. A deux lieues de là, il trouva un autre régiment ; les hommes marchaient dispersés, à la débandade. Il ordonna au chef de réunir sa troupe , descendit de voiture, fit exécuter des manœuvres et distribua des récompenses ; il voulut même nommer des caporaux. Ayant demandé à plusieurs soldats s'ils savaient lire et beaucoup de réponses ayant été négatives : — « Vous verrez, s'écria-t-il gaiement, que je ne pourrai faire aujourd'hui un caporal !»—Le colonel, arrivé de Mansle, ne pouvait revenir de sa surprise. « Quel homme extraordinaire ! — « répétait-il sans cesse, – il a beau vouloir faire l'Empereur, « il vivra et mourra petit caporal ! »

VII.

USTARITS. — LARRESSORE. — CAMBO. — ESPELETTE. — AINHOA. — SARE. — SAINT-PÉE. — ASCAIN. — LA NIVELLE.

Nous quittons Marrac et nous nous dirigeons vers *Ustarits*, berceau de la famille du conventionnel *Garat*. Tout le monde sait que c'est à lui qu'échut, en sa qualité de ministre de la justice, la triste mission de signifier à Louis XVI son arrêt de mort.

Son fils, le comte Garat, a passé presque toute sa vie à Ustarits, dans l'habitation paternelle, qui est confortable, mais qui ne se distingue en rien des maisons bourgeoises de notre époque.

Après une montée rapide, nous arrivons à *Larressore*, où l'on remarque une immense construction affectée à l'installation d'un petit séminaire. C'est là que beaucoup de familles de Bayonne et des pays de Labourd, de Soule et de Navarre envoient leurs enfants faire leurs études. Nous ne savons pas si les classes y sont fortes, mais, pour sûr, nous pouvons constater que les jeunes élèves y sont « *en bon air* ».

Encore quelques pas et nous voici à *Cambo*.

Imaginez une large terrasse flanquée d'un groupe de jolies maisons, se terminant par une église et dominant d'une grande hauteur le cours de la *Nive*. C'est un spectacle féerique !

La terrasse s'appuie à une grande route qui dévale insensiblement de la colline jusqu'au bord de la rivière, où s'élève l'établissement hydrothérapique alimenté par une source sulfureuse. Là, vous vous engagez dans une profonde allée de chênes séculaires, qui longe la Nive et vous conduit à un kiosque rustique, à la toiture rouge, sous lequel s'abrite la fontaine ferrugineuse.

Tel est le Cambo connu et vanté à juste titre !

Mais si vous voulez faire mieux que tout le monde, ne vous arrêtez pas au kiosque dont nous venons de parler. Poursuivez votre route et arrivez devant une petite brèche, formant une trouée à travers l'enchevêtrement des branches ; écartez-les et frayez-vous un passage. Soudain, vous serez transporté dans une véritable forêt vierge où il n'existe plus de sentier tracé ; de tous côtés, s'épanouissent, en pleine liberté, des arbres, des arbustes, des fougères, des plantes, de nature diverse, qui vous entourent et vous enlacent de leurs frondaisons verdoyantes, de leurs fruits sauvages, de leurs fleurs bizarres aux suaves parfums.

Le soleil y pénètre à peine tant la voûte est épaisse ; on n'entend que le chant des oiseaux et le murmure de la rivière courant sur ses galets pointus. C'est un coin plein de fraîcheur et de végétation luxuriante, un fouillis inextricable, aux lianes touffues et grimpantes, aux feuilles démesurément élargies, aux baies colorées de teintes étranges, enfin une sorte de réduction du paradis terrestre, et j'avoue que nous y avons passé de délicieux instants.

Au-delà de Cambo , apparaît, sur la berge de la Nive, la brèche que Roland, en se rendant à Roncevaux, fit avec sa fameuse épée « *la Durandal* », au milieu des rocs aigus, pour frayer, dit la chronique, un passage à son armée.

En ce pays, le souvenir de Roland est resté plus profond et plus vif que partout ailleurs ; on parle encore de son coursier, doué d'une vigueur merveilleuse, de son armure à l'épreuve du fer et des enchantements, de sa « Durandal » à jamais célèbre parmi toutes les épées, enfin, des accents de son cor d'ivoire que l'on croit quelquefois entendre retentir au loin dans les gorges de la montagne !

N'oublions pas un détail qui a son intérêt au point de vue du pittoresque.

Dans les sentiers escarpés, qui montent aux pics en en contournant les bases, on rencontre souvent des cavalcades de touristes et de voyageuses qui parcourent, *en cacolet*, ces sites agrestes.

Mais il faut que nous disions en quoi consiste le cacolet :

Qu'on se figure une bête de somme, revêtue de son bât, sur les flancs de laquelle sont placés deux sièges ou fauteuils , plus ou moins élégants, munis par devant d'une planchette en forme d'étrier.

Deux personnes peuvent y voyager, commodément assises.

Une paysanne, court vêtue, en souliers plats, jamais nu-pieds, et coquettement mise, marche, à pas redoublés, devant cette sorte de voiture, et, suivant les besoins de la cause, excite ou retient l'animal.

En général, la conductrice ne parle pas ; quelquefois, cependant, elle accompagne sa course d'un chant simple et mélodieux, mais toujours mélancolique, comme le sont presque toutes les romances du pays basque.

Espelette, à six kilomètres de Cambo, est un gros bourg situé dans un joli vallon, au pied du mont *Darrain* ; on commence à y rencontrer beaucoup d'espagnols ; ses marchés sont assez importants.

En sortant d'Espelette, pour se rendre à *Ainhoa*, on prend une route ou plutôt une côte longue de 7,000 mètres. Mais, quelle superbe vue ! A chaque coude du terrain, on aperçoit, dans le bas-fond, un paysage nouveau. Les villages, les clochers, diminuent à vue d'œil et n'apparaissent bientôt plus que comme des points pour ainsi dire imperceptibles. On arrive enfin, au sommet de la montée et l'on entre dans Ainhoa.

Cette commune n'est digne de remarque qu'en raison de sa proximité avec l'Espagne; à 2 kilomètres, se trouve la limite extrême de la frontière : le pont de *Dancharria*. A l'entrée de l'Espagne, est placé un poste de douane qui semble avoir beaucoup d'importance, si l'on en juge par le nombre de *carabineros* qui y sont installés.

Nous partons pour *Sare*, que domine *la Rhune*, montagne élevée faisant face à la mer. C'est un bourg assez considérable dont les habitants se livrent avec ardeur à la chasse aux ramiers sauvages que, dans le pays, on appelle *palombes*. Grand est le carnage des oiseaux voyageurs que l'on fait aux environs de Sare.

Là, d'arbre en arbre, de pic en pic, sont tendus d'immenses filets ; les palombes, qui s'engagent dans une des gorges de la montagne, y sont poursuivies par le craquement des crécelles qu'agitent les chasseurs, et par les éperviers de bois emplumés qu'ils lancent à leur approche. Les palombes accélèrent leur vol ; terrifiées et de plus en plus affolées, elles se précipitent dans les filets.

Bientôt nous traversons St-Pée, qu'arrose la *Nivelle*, petite rivière, ou, plutôt, petit fleuve, qui court se jeter dans l'Océan, à *Ciboure*, et nous laissons, sur notre gauche, *Ascain*, village également sans importance, qui se trouve à 4 kilomètres de St-Jean-de-Luz.

La Nivelle a, dans son cours, les aspects les plus divers et les plus charmants : tantôt elle murmure doucement, limpide et gracieuse, entre de verdoyantes prairies émaillées de fleurs et bordées de saules ; tantôt elle se gonfle et écume sur son lit· de cailloux et s'enfuit en bouillonnant entre deux murailles de roches rougeâtres ; tantôt enfin, calme et profonde, elle glisse rapidement vers la mer qui l'attire et qui va bientôt l'engloutir.

Ces tableaux, estompés par l'ombre des montagnes, qui en modifie la lumière, sont parfois d'un effet saisissant.

A ce propos, un souvenir :

Nous nous trouvons, certain soir d'été, sur les bords de la Nivelle ; tout se tait dans la campagne, le mont voisin s'embrume de molles vapeurs, la nuit va venir, l'angelus tinte lentement au clocher de l'église prochaine, la nature se dispose au repos, et, vraiment, nous ne pouvons détacher nos regards de l'onde couleur d'émeraude que le soleil couchant sille d'un large reflet empourpré qui, peu à peu, s'amoindrit et, subitement, disparaît.

VIII.

SAINT-JEAN-DE-LUZ. — HENDAYE. — FONTARABIE. —
· GUÉTHARY. — BIDART. — BIARRITZ. — CHAMBRE-
D'AMOUR. — HASPARREN. — MÉHARIN. — SAINT-
PALAIS. — LES LANDES.

Saint-Jean-de-Luz, autrefois appelé dans le pays
« *Petit Paris* » (1), est une antique petite ville, aux
rues étroites, aux maisons à carreaux blancs et rouges,
ayant, pour la plupart, des toits en pointe ; elle est
entourée, du côté de la mer, d'une digue qui la pro-
tège contre l'envahissement des flots.

C'est dans cette ville que se maria Louis XIV, avec
Marie-Thérèse d'Espagne, en 1660. Ce grand événement historique a fait, dans le temps, et fait encore
aujourd'hui le bonheur et la gloire de Saint-Jean-de-
Luz. Les hôtels, les auberges, les enseignes des magasins, tout, enfin, y est accommodé à la Louis XIV
ou à l'Infante.

On vous montre les maisons que le roi, la princesse
espagnole et le cardinal Mazarin habitèrent pendant
leur séjour à Saint-Jean-de-Luz.

L'aspect de la mer est morne ; il n'y a pas, comme

(1) Saint-Jean-de-Luz « *Petit Paris* », disaient les anciennes
légendes, et Bayonne « *Son Écurie.* »

à Biarritz, de ces pittoresques rochers dont les vagues escaladent avec fracas les cîmes grêles. Une seule et massive roche « l'*Artha* », en face de la baie; à gauche, le fort *Socoa*, le village et la plage de *Ciboure*; devant vous, la mer; derrière, la *Rhune*. C'est un tableau majestueux et paisible que l'on ne peut se lasser d'admirer.

La décadence de Saint-Jean-de-Luz qui comptait, il y a environ deux cents ans, une population de 5,000 habitants et n'en a plus aujourd'hui que 4,000, a suivi celle des pêches françaises et du commerce avec l'Espagne.

Un auteur castillan écrivait en 1559 :

« Saint-Jean-de-Luz est la première ville de France,
« en entrant par le Guipuzcoa ; les rois de France
« l'ont toujours fort ménagée, parce que ses habitants
« sont très belliqueux, surtout sur la mer. Leurs nom-
« breux corsaires attaquent et pillent jusqu'aux vais-
« seaux qui reviennent des Indes. Enrichis par les
« prises qu'ils ont faites, dans les temps passés, ils
« ont orné leur ville de superbes édifices. »

C'était alors la plus brillante période des pêches basques en Islande.

Actuellement, les gars de Saint-Jean-de-Luz sont toujours de véritables *loups de mer*, qui ont gardé l'intrépidité de leurs ancêtres et leur ardent amour pour l'élément salé ; mais ils ont, en même temps, conservé leurs croyances arriérées et leurs superstitions. Aussi, beaucoup d'entre eux — même de ceux qui ont fait plusieurs fois le tour du monde — vous diront fort sérieusement avoir souvent aperçu, dans leurs voyages, par delà les océans, un navire gigantesque, une sorte de *vaisseau-fantôme*, sans matelots, sans capitaine, qui, toutes voiles déployées, traversait l'horizon au milieu des éclairs et de l'ouragan. Pour eux, c'était un présage funeste, ou, tout au moins, un avertissement d'en haut, identique au *Death ship* des marins d'Angleterre.

L'envahissement progressif de la mer a fait disparaître, depuis deux siècles, plusieurs rues de Saint-Jean-de-Luz. Louis XVI avait eu la pensée d'y établir un port de refuge pour les vaisseaux de guerre, mais les événements l'empêchèrent de donner suite à ce projet.

Depuis le mariage royal de 1660, la porte principale de l'église de Saint-Jean-de-Luz avait été murée, afin que personne ne pût franchir ce seuil après le passage de Leurs Majestés. Il y a quelques années à peine qu'elle a été de nouveau ouverte.

Ciboure, séparée de Saint-Jean-de-Luz par un pont jeté sur la Nivelle, a aussi beaucoup perdu de son ancienne splendeur. Depuis 1718, le chiffre de sa population est descendu de 3,000 à 2,000.

On va à *Hendaye* en passant par *Urrugne*, où se trouve le château d'Urtubie. Hendaye est, de ce côté, le point *terminus* de la France ; il a une grande importance commerciale.

Vis-à-vis, au bord de la *Bidassoa*, se dresse le vieux clocher de *Fontarabie*, petite ville espagnole du moyen-âge, avec ses ruelles sombres, étranglées, garnies de hautes maisons aux longues galeries extérieures. Ces galeries sont voilées par de légers rideaux qui tamisent la lumière du soleil et derrière lesquels on s'attend toujours à voir paraître quelque jolie tête de *Señorita*. C'est à peine si l'on a un pied en Espagne, et, cependant, tout à Fontarabie porte l'empreinte d'un cachet castillan et féodal très prononcé, tandis que *Saint-Sébastien* est, pour ainsi dire, une ville française.

En allant de Saint-Jean-de-Luz à Biarritz, on longe les villages de Guéthary et de Bidart, suspendus entre la colline et l'océan. La côte est déchiquetée, rongée par le flot qui la mine, tout en ayant l'air de la caresser.

Biarritz est mouvementé, bruyant, splendide.

On y remarque trois principales plages : la côte « *des Fous* », que domine la villa de l'Impératrice Eugénie, et qui est ainsi nommée, dit-on, parce que ses bains, très fouettés, ne conviennent, comme suprême ressource, qu'aux personnes atteintes d'aliénation mentale, ou, plutôt, parce qu'il n'y a que les fous qui puissent, par certains temps, songer à s'y baigner ; la côte dite « *des Basques* », par le motif que les paysans du Labourd viennent s'y plonger en masse à certaines époques de l'année ; enfin, le « *Port-Vieux* », petite crique entourée de rochers, fréquentée par les baigneurs paisibles, et qu'un monticule « l'*Atalaye* » sépare du port « *des Poissons.* »

Pendant l'été, Biarritz est le rendez-vous élégant des français et de la grandesse espagnole ; en hiver, il est visité par la colonie anglaise et l'aristocratie russe, qui s'y installent pour plusieurs mois, afin d'échapper aux brouillards et aux frimas de leurs pays.

Nous avons assisté, sur l'*Atalaye*, il y a de longues années, à une scène émouvante qui n'est jamais sortie de notre mémoire.

C'était par un soir de tempête : une légère barque de pêche, ballotée par les vagues, s'efforçait, mais en vain, de rentrer au port des Poissons ; à chaque minute, elle disparaissait sous les flots en furie qui menaçaient de l'engloutir.

La population, consternée, contemplait ce spectacle avec angoisse et épouvante.

Debout, près de la croix plantée au sommet de l'*Atalaye*, un vieux prêtre, revêtu du surplis et de l'étole, étendait la main vers la mer et envoyait une absolution suprême à l'équipage qui allait probablement sombrer !

Les femmes et les enfants des marins en danger sanglotaient ; tout le monde pleurait autour de nous.

Heureusement, une accalmie subite vint à se produire, et la barque, miraculeusement sauvée, put enfin atterrir.

Entre Biarritz et Bayonne signalons la « Chambre d'Amour », à laquelle s'attache une poétique légende : deux amants, qui s'étaient attardés dans une grotte, au bord de la mer, furent surpris par le flot montant et s'y noyèrent.

On les retrouva, à marée basse, enlacés l'un à l'autre.

Non loin de la Chambre d'Amour, nous apercevons

la *barre*, banc de sable qui flotte à l'entrée de
« l'*Adour* », en face *du Boucau*.

Du côté opposé à la mer, vers la montagne, on
rencontre, à 20 kilomètres de Bayonne, le gros
bourg de « *Hasparren* », qui possède plusieurs fa-
briques de cordonnerie, et, par suite, une population
ouvrière assez dense. C'est un des centres les plus
importants du Labourd, et les habitants des communes
voisines s'y donnent souvent rendez-vous pour assister
à de magnifiques parties de *pelote*.

L'église est de construction récente ; arrivés au
moment de la messe, nous avons remarqué que les
veuves avaient devant elles, pendant l'office, suivant
la coutume du pays, un grand cierge allumé, posé par
terre sur un carré de drap noir que traverse une croix
blanche.

Le cierge est, nous a-t-on dit, renouvelé jusqu'à la
fin du deuil.

Nous nous rendons ensuite à *Méharin*, où se dresse
un vieux château, ancien domaine de la famille « *de
Belsunce.* »

C'était fête à Méharin quand nous y arrivâmes ; le
bal champêtre était fort animé. Tout le monde connaît,
d'ailleurs, la passion des Basques pour la danse.

Voltaire disait, non sans un peu d'ironie, « qu'ils
passaient leur vie à danser sur leurs montagnes. »
Boileau nous fait connaître « qu'aux nopces, c'est toujours le curé qui mène le branle. » Le conseiller Pierre
de l'Ancre nous apprend, de son côté, « qu'au pays
des Basques, les prestres dansent et sont les premiers

au bal qui se fait au village »; il a, d'ailleurs, constaté avec indignation que, dans les cérémonies religieuses, « les croix étaient ornées de sonnettes dorées. »

Enfin, à la Noël, D. Gaspard de Miranda permettait que les églises s'ouvrissent aux « danses d'hommes et aux tambourins. »

On voit, qu'en cultivant la danse, les Basques ne font que suivre les traditions de leurs aïeux.

Nous voici à « *Saint-Palais* », petite ville riante, aux habitations coquettes, qui est le siège du tribunal civil de l'arrondissement, tandis que la sous-préfecture est installée à *Mauléon*.

Saint-Palais, qu'arrose la *Bidouze*, est placé dans un bas-fond, ce qui en rend, dit-on, le séjour peu salubre.

Remarquons que nous sommes ici à la frontière de la Navarre et du « *Béarn* » et que le patois béarnais tend petit à petit à se substituer à la langue basque, que l'on ne parle presque plus aux environs de Saint-Palais.

Mais l'heure nous presse et nous prenons le chemin d'Orthez, par *Puyoo*, en traversant une partie des immenses solitudes dont le département des *Landes* a tiré son nom. Rien n'est triste comme ces plaines de sable blanc et aride recouvertes, par intervalles, d'un tapis d'ajoncs, de bruyères et de genêts. Les eaux de pluie, qui ne peuvent s'écouler sur cette surface unie, forment, çà et là, des lacs solitaires qui changent de place à chaque saison nouvelle. Quelques rares forêts de lièges et de chênes et quelques sombres *pignadas* interrompent, seuls, à de grandes distances, la monotonie de ces déserts (1).

Sur les bords de l'Océan, le terrain est plus accidenté, mais c'est encore et toujours du sable, et quand le vent de la mer fond avec violence sur ces masses mobiles et sans consistance, il les soulève et les répand dans l'intérieur du pays, où elles vont frapper d'une stérilité éternelle les maigres campagnes épargnées par les orages.

Les habitants des Landes ont la frugalité et la pauvreté des Arabes du désert, auxquels ils ressemblent sous beaucoup de rapports. Malgré les nombreuses tentatives d'amélioration effectuées dans leur pays, le temps n'a guère marché pour eux. Montés sur des échasses de six pieds de haut, et tenant à la main un bâton de douze pieds, sur lequel ils s'appuient, ils sillonnent rapidement ces plaines nues et pelées, rayées çà et là de quelques lignes fauves qui indiquent un chemin à travers les genêts.

Ces paysages, d'ordinaire si tristes, sont plus affreux encore aux approches d'un orage.

Pas un être vivant ne se montre dans toute l'étendue ; pas un oiseau ne rase de son aile la surface pourpre de la bruyère en fleur ; pas un brin d'herbe ne s'agite au souffle du vent. Les cris plaintifs et monotones des cigales s'élèvent seuls dans l'atmosphère tiède et pesante où ils s'éteignent bientôt, n'étant renvoyés par aucun écho. Tout monotones et tristes que

(1) Les Landes.

soient ces cris, ils ont cependant une sorte de rude et sauvage harmonie qui rassure ; ils sont la voix de ce désert immobile. Sans eux, le silence ferait peur.

L'illustre *Saint Vincent-de-Paul* est né au village de *Pouy*, à l'extrémité des landes de Bordeaux, et l'on voit encore le chêne antique et creusé en forme de grotte où il se mettait à l'abri du mauvais temps.

Ce chêne ombrageait sa modeste demeure, devenue depuis une chapelle comme autrefois — s'il est permis de mêler la fable à la vérité — la cabane hospitalière des légendaires époux de *Phrygie* fut métamorphosée en temple.

On montre aussi la marque de la tablette où Vincent-de-Paul rangeait le peu de livres qu'il possédait.

Il y a loin, il faut le reconnaître, de cet abri rustique au palais des rois, et de cette misérable condition à la présidence du conseil de conscience sous Anne d'Autriche, poste éminent auquel il arriva en passant par toutes les vertus !

IX.

LE BÉARN.

ORTHEZ.

Orthez a été, au XIVe siècle, la capitale des comtes de Foix ; mais de cette splendeur, il ne reste que quelques murs et une haute tour en ruines.

Froissart y vint en 1388 et habita quelques jours « *l'Hôtel de la Belle-Hôtesse* », nommé à cette époque « *l'Hôtel de la Lune.* » Il passa trois mois environ dans la demeure du comte *Gaston Phœbus* (1), qui l'avait sur le champ envoyé quérir.

Pendant ce séjour, il ajouta bien des pages à ses chroniques ; il courut par monts et par vaux, s'arrêtant dans les castels, les monastères et les auberges, recueillant des souvenirs et des légendes. Aussi ses récits, pareils à une tapisserie de haute lice, sont-ils remplis de choses de blason et de vénerie ainsi que de combats héroïques.

Quant à Gaston Phœbus, c'est un des plus grands princes qui aient gouverné le Béarn. Fier, brave, magnifique, il a tous les caractères d'un héros et, tel qu'il

(1) Surnommé ainsi à cause de sa beauté.

ressort à travers les brumes du passé, le roman peut l'emprunter à l'histoire. Jeune encore, il eut à soutenir de rudes luttes contre de puissants ennemis et il eut l'heur de les vaincre tous. Le roi de France, Jean, et plus tard le prince de Galles, ce fameux Prince-Noir auquel la Gascogne avait été cédée, en 1360, par le honteux traité de Brétigny, voulurent le contraindre à leur rendre hommage pour le Béarn. Mais il s'y refusa dignement et noblement, déclarant que cette terre *franche et sauve* ne relevait que de Dieu ; il se mit d'ailleurs incontinent à fortifier et à munir ses villes et ses châteaux, ce qui lui attira l'estime de ceux-là même dont il avait bravé les menaces.

Après avoir beaucoup guerroyé, Gaston Phœbus se fixa à Orthez. Son ardeur chevaleresque s'était ralentie ; il ne s'occupa plus que de l'administration de ses États, et réunit autour de lui une cour brillante(1) dans laquelle figuraient, parmi de hauts et puissants seigneurs, *Ivain, bâtard de Foix,* le *sire de Coarraze,* le *chevalier Espaing du Lion* et le *bâtard d'Espagne.*

La vigueur de ce dernier était extraordinaire :

La chronique raconte « qu'un jour de Noël, Gaston Phœbus se trouvait, avec des personnages de sa suite, dans une galerie où il faisait grand froid. — Voici bien petit feu pour la saison, dit le comte. — Alors, et sans mot dire, le bâtard d'Espagne descendit dans

______

(1) Froissart comparait cette cour, pour la richesse et la magnificence, à celles des plus hautes dames et des plus grands rois qu'il lui eût été donné de voir.

la cour du château, enleva dans ses bras un grand baudet chargé de bois, monta l'escalier, fendit la foule des gentilshommes qui se tenaient devant la cheminée et jeta l'âne, avec les bûches, les pieds en dessus, dans l'âtre monumental. »

Gaston était l'un des plus beaux hommes de son époque. Il avait toujours la tête nue, avec les cheveux longs et flottants. La noblesse de son port, la régularité de ses traits, la richesse de ses vêtements, faisaient l'admiration de ceux qui l'approchaient.

Ce prince cultiva et protégea les sciences et les arts ; il écrivit un ouvrage de vénerie en quatre-vingt-cinq chapitres. Il avait un goût si passionné pour « le déduit de la chasse » que son équipage se composait de seize cents chiens.

On sait que c'est après avoir poursuivi pendant plusieurs jours un ours dans la forêt de *Sauveterre*, en août 1391, qu'il tomba foudroyé par une attaque d'apoplexie.

Les dépenses énormes auxquelles se livra Gaston Phœbus, toujours occupé de bâtir ou de réparer des châteaux et des églises, ses largesses, ses prodigalités, ne l'empêchèrent pas de laisser un million d'or dans ses coffres, ce qui le fit passer pour nécromancien.

Il est probable qu'il n'était arrivé à ce résultat qu'en prélevant sur son peuple des subsides considérables. Ce qui tendrait à le prouver, c'est l'annexe faite, dès le règne suivant, aux conditions imposées par les Béarnais à leur seigneur et dont les termes étaient ceux-ci : — « Que le prince fasse droit à chacun, en conformité des Fors et Coutumes antiques, ainsi que cela se pratiquait avant Monseigneur Gaston, *que Dieu absolve !* »

Comme Gaston n'avait pas d'héritier direct, la souveraineté de Béarn et ses vastes domaines échurent, à sa mort, à *Mathieu de Foix, vicomte de Castelbon*, son plus proche parent (1).

PAU.

Le charme de Pau n'est pas dans ses maisons ni dans ses rues, bien qu'on en ait fait une ville fort agréable, où les distractions abondent ; il tient uniquement à sa belle vallée, à son gai soleil, à son parc solitaire, à son climat si pur et si doux.

Pau est une ville sans passé, qui n'a, pour ainsi dire, pris place sur la carte de France que depuis 300 ans.

C'était, dans le principe. un château et une terrasse, construits au Xe siècle par les princes de Béarn. Quelques vilains vinrent d'abord se mettre à l'abri sous les créneaux du donjon ; petit à petit, les bourgeois arrivèrent et le noyau de la cité fut créé.

Vu de près, le château manque de régularité ; mais quand on descend dans la vallée, il se détache, dans l'azur du ciel, avec ses pointes de clochetons grêles se profilant vers l'ouest et qu'accompagnent la masse principale et deux grosses tours en briques crénelées.

La grande cour est spacieuse ; en face, une série de

(1) Chroniques de Béarn.

médaillons en pierre; sur les côtés, des portes de formes diverses, des fenêtres pointues, carrées, garnies de créneaux. C'est une confusion complète, une sorte de tour de Babel de l'architecture. Et cependant, rien ne choque; on voit que chaque siècle a construit à sa guise, ou, plutôt, suivant le goût du temps, sans se préoccuper de l'harmonie.

On conserve, au château de Pau, une écaille de tortue qui a servi de berceau à Henri IV. C'est là, en effet, que vint accoucher Jeanne d'Albret. La chronique rapporte qu'elle chantait un rondeau béarnais quand elle donna le jour à son fils. Le grand-père versa quelques gouttes de vieux jurançon dans la bouche du nouveau-né, après lui avoir frotté les lèvres d'une gousse d'ail. L'enfant fut élevé comme un paysan de la contrée, et cette éducation virile en fit un homme exceptionnellement vigoureux et intrépide.

Le parc du château est ravissant d'ombre et de fraîcheur ; tout près, coule le *Gave*, qui murmure discrètement sur son lit de cailloux.

Il n'existe pas à Pau une seule église ancienne, et ce n'est pas surprenant, si l'on considère que cette ville n'a que trois siècles environ d'existence et qu'elle a, de plus, été la capitale d'un royaume dont les souverains professaient le calvinisme.

Sur la place Royale se trouve la statue d'Henri IV (*nouste Enric*, comme disent les Béarnais !) De là, on découvre la chaîne des Pyrénées ; dominant toutes les cimes superposées, apparaît le *Mont-Perdu*, aux aspects âpres et sauvages : c'est un spectacle imposant et grandiose !

Devant vous, à quelques centaines de mètres, le terrain se renfle et tend déjà à s'exhausser ; plus loin les côteaux, puis les monts, puis les pointes, se dressent, bondissent et s'étagent comme une armée de Titans voulant escalader le ciel !

Le regard émerveillé, ébloui, s'étend de la plaine aux penchants des premières collines, glisse sans effort sur les pics intermédiaires, et, s'élevant encore, s'arrête enfin à cette bande blanchâtre où la terre et les cieux semblent se confondre.

Le tableau est éclairé par ce radieux soleil du midi, qui transforme les grains de sable en brillants, les ruisseaux en laque argentée, les cailloux en pierres fines ; et cette lumière, bien qu'elle avive par son éclat les tons les plus divers en les irisant d'un scintillant reflet, les fond cependant si profondément entre eux, que leur mélange forme un ensemble agréable et doux à la vue !

Rappelons qu'au XIIIe siècle, c'est-à-dire avant que Pau devînt sa capitale, le Béarn avait, déjà, l'étendue qu'il a de nos jours. Il était divisé en quinze départements ou *vics*, et l'on y comptait quatre villes principales qui, sur quatre points opposés, s'élevaient comme des bastions, et qu'on appelait les quatre bourgs.

C'étaient *Morlaas*, l'ancienne capitale, où dans le palais seigneurial *de la Hourquie*, que les princes venaient d'abandonner, l'on frappait à leur effigie des monnaies de cuivre, d'argent et d'or, d'un usage si répandu, qu'Édouard Ier, roi d'Angleterre et duc d'A-

quitaine, avait eu, en 1289, l'idée de les supprimer, honteux de voir que dans ses provinces de Gascogne elles
avaient plus de cours que les siennes propres ; *Orthez*,
que les vicomtes de Béarn avaient enlevée aux vicomtes de Dax, et que *Garsende* avait tout récemment
érigée en cité royale ; *Oloron*, assise au confluent des
gaves d'*Aspe* et d'*Ossau*, et la plus grande de toutes,
en comprenant dans son enceinte le *Marcadet* et *Ste-
Marie ; Sauveterre*, sur les confins de la Soule, et dont
le nom, comme un drapeau vainqueur, proclamait un
droit conquis (1).

Les *Fors* qui régissaient le pays avaient autant
d'humanité que de sagesse ; ils n'admettaient le combat judiciaire que pour une dette qui excédât quarante
sols, alors que par toute la France il avait lieu pour
douze deniers. Les querelles particulières ne pouvaient
se vider sans s'être préalablement ouvertes par un défi
donné devant le seigneur. Tout homme était déclaré
soldat dans la guerre *défensive*, mais aucun ne devait
le service militaire dans la guerre *offensive*. Un père ne
pouvait pas vendre ses biens au préjudice de son fils.
Le mari devait restituer la dot de la femme morte. Nul
ne pouvait être arrêté pour dettes. Tout dommage
était réparé par une indemnité de valeur double. Les
blessures se payaient par des amendes ; la peine du
meurtre était le bannissement et trois cents sols, et si
le coupable n'acquittait pas ce prix, il était puni de
mort et enseveli sous le cadavre de sa victime, à la
famille de laquelle appartenait le tiers de ses biens.

(1) Chroniques de Béarn.

Lorsque l'auteur d'un délit n'était pas connu, le vic
dans lequel ce délit avait été commis en était respon-
sable.

Le souverain ne pouvait rien sans les États ; son
principal revenu consistait dans son domaine inalié-
nable ; il avait, de plus, quelques péages, quelques
amendes, et un certain droit connu sous le nom de
Mayade, et qui se bornait au privilège exclusif de faire
vendre son vin durant le mois de mai ; les Béarnais
ne payaient, à cette époque, aucune espèce de subside.
On voit que, dans cet heureux pays, à la fin du XIIIe
siècle, la liste civile, ce monstre familier des rois, et
l'impôt, ce ver rongeur des peuples, n'étaient pas
encore nés !

COARRAZE.

A trois lieues de Pau, apparaît le village de *Coarraze*
qui vous séduit tout d'abord, avec ses vertes prairies
et ses cours d'eau rapides. Mais, bientôt après, les
regards se portent vers le château où s'écoula l'enfance
d'Henri IV.

Vers le milieu du XVe siècle, *Catherine de Coarraze*,
dernière héritière du nom, épousa *Mathieu de Foix ;*
puis le domaine devint successivement la propriété des
maisons de Bonneval, d'Albret, de Lorraine, de Mo-
naix, de Montaut, de Boëil.

Il ne reste aujourd'hui qu'une seule tour de l'antique
donjon de Coarraze, que Jean d'Albret fit brûler, au
commencement du XVIe siècle, pour châtier la rebel-

lion de son seigneur. Le bâtiment actuel est moderne ;
on a cependant conservé l'ancienne porte, sur laquelle
ou peut lire l'inscription suivante :

« *Lo que ha de ser no puede faltar.* »
« Ce qui doit être ne peut manquer d'arriver. »

En ses chroniques, Froissart nous raconte qu'un
certain sire de Coarraze, qu'aimait beaucoup Gaston
Phœbus, avait un démon familier qui se nommait « *le
Diable Orton* » et qui ne le quittait pas plus que son
ombre. Et, vraiment, dans le silence de la nuit, alors
que les ténèbres s'épaississaient autour de nous, nous
avons cru, un instant, voir rôder ce farfadet dans le
parc, à travers les arbres et sur les créneaux de la
vieille tour !

X.

LA LÉGENDE DU SIRE DE BÉNAC.

Des dernières collines du Béarn, nous apercevons cette comté de Bigorre , à la fois romantique et féodale, hérissée de villes blanches, de tourelles, d'abbayes antiques, de ruines parlantes, et dominée par les Pyrénées qui la couronnent de neiges éternelles.

Et, puisque nous avons poussé jusqu'ici, nous allons vous dire la légende bigordane de *Bos de Bénac*, que nous empruntons, en partie, à une vieille chronique.

Ce vaillant chevalier, époux de sa cousine, la belle *Mathe de Baudéan*, se croisa et partit pour la Palestine avec *Godefroy de Bouillon*. Il était alors plein de fougue et d'illusions !

Mais, sept ans après, à la suite de fréquentes batailles, le noble sire était prisonnier des Sarrasins.

Vieilli par le chagrin, endolori par de nombreuses blessures, il se lamentait, au fond d'une citerne, sur sa malheureuse destinée.

Tout d'un coup, il s'écria :

— J'aimerais mieux me donner au diable que d'endurer plus longtemps ici !

Aussitôt Satan parut devant lui.

— Commande, dit-il au chevalier. Je suis prêt à te servir.

— A quel prix ?

— Rien dans cette vie ; après, tu m'appartiendras.

— Arrière ! répondit Bos, mauvais marché.

— Penses-y ; à cette heure, Godefroy de Bouillon se pavane dans Jérusalem, et tu n'y es pas !

Bos fit un geste de désespoir.

— Les croisés s'embarquent pour rentrer dans leur pays ; tu ne reverras point ton castel de Bénac. Tu pourriras dans ce sépulcre où tu es entré vivant !

Les doigts du chevalier se crispèrent.

— Tes terres sont ravagées par ton ennemi, le baron des Angles ; il aime Mathe, ta femme, qui pleure ta mort ; le baron l'obsède et le cœur de Mathe faiblit.

— Je ne te crois pas !

— Si tu veux, je te ferai voir Mathe pour arrhes du marché.

— Voyons Mathe !

Soudain, sur la muraille humide, se dessine et se colore, comme une belle peinture, le château de Baudéan, où demeurait Mathe auprès de sa mère.

Bos aperçoit sa bien-aimée, à genoux, vêtue de deuil, priant pour le repos de son âme ; il voit aussi le baron des Angles, qui entre familièrement dans la chambre de la jeune femme et lui déclare, après une vive discussion, qu'il lui accorde un dernier sursis de quinze jours pour devenir sa femme.

— Passé ce délai, dit-il, vous ne serez plus dame de vos châtellenies qui seront livrées au fer et à la flamme.

Petit à petit la vision s'effaça.

— C'est aujourd'hui le quinzième jour, dit le diable. Par bravade, le baron des Angles veut épouser ta femme dans ton château, dans ta chapelle, et la suivre dans ton lit.

— Faisons marché, soupira le sire de Bénac.

— A toi longue vie, à moi ton âme.

— Que nenni ! Jouons au plus fin. Tu me mèneras, dès ce soir, à mon château de Bénac.

— A la minute, si tu le désires.

— Eh bien ! je t'invite à souper ; mais tu ne mangeras qu'après moi. Tu auras mes restes ; si tu trouves à y mordre, je me donne à toi.

— Chevalier, j'ai la dent subtile.

— Démon, j'en cours les risques.

Le malin esprit, tenant Bos par la main, qu'il lui brûlait jusqu'à la moëlle, l'enleva dans un nuage opaque.

Comme l'éclair, ils se lancèrent dans l'espace et arrivèrent à Bénac, à minuit, au moment même où le baron des Angles conduisait Mathe à l'autel.

Un moine de Lescaledieu attendait.

Le baron lui cria arrogamment :

— Moine, fais ton devoir.

Le religieux s'avança :

— Messire Arnaud-Guillaume, baron des Angles, dit-il.....

— Ajoute — fit le baron — seigneur de Bénac, Avéraa, Aribafreyte et autres lieux.

A ces mots, la main puissante de Bos s'abattit sur lui.

— Je te ferai rentrer ces paroles dans la gorge, hurla le chevalier.

Et, après l'avoir terrassé, Bos l'écrasa sous ses pieds comme un ver de terre.

— Amis ou ennemis, reconnaissez vous le sire de Bénac à ce qu'il vient de faire ? clama le chevalier.

Un silence de mort se fit. Personne ne répondit.

Seul, Rollon, le vieux lévrier blanc, courut appuyer ses pattes de devant contre la poitrine de Bos ; puis, son grand faucon, Sylvain, vint se poser sur son poing.

Bos s'approcha de Mathe et se penchant vers elle :

— Ma femme, ma mie, ne me reconnaissez-vous pas ?

— Ne vous connais, répondit-elle, confuse et effrayée. Merci de moi ! ne vous connais !

Le chevalier se laissa choir sur la froide dalle.

— A table, cria le diable. J'ai besogne ailleurs !

— Ainsi le veulx-je pour mettre tout à fin, dit en se relevant le croisé découragé.

Et il donna un ordre au maître queux ébahi.

On passa dans la salle du banquet.

Au milieu des vases d'argent, des hanaps bordés d'or, des candélabres contournés et fleurdelisés, dans lesquels brûlait glorieusement la bougie jaune de Bénac, un varlet apporta piteusement un seul, maigre et pauvret plat de noix.

— C'est un vœu, dit sire Bos en fronçant les sourcils.

Tout le monde s'inclina.

Le chevalier, assis à côté de la belle Mathe, épluchait tristement ses noix.

Les convives, stupéfaits, le suivaient du regard.

Le diable, placé à l'angle de la table, élargissait ses prunelles flamboyantes, convoitant le chevalier ; comme le joueur guette le monceau d'or d'un enjeu.

Quant le croisé eut curé et recuré ses noix et qu'il n'en resta miette, il jeta les coquilles vides au diable.

— Tâche de souper après moi, dit-il. Si tu ne peux, va-t-en, au nom de Dieu !

Le diable poussa un cri strident qui se répercuta dans la montagne et s'élança contre la muraille qu'il perça en laissant derrière lui un grand trou que jamais aucun ouvrier ne put parvenir à combler.

Depuis lors, est resté le proverbe :

« Bigordan pire que le diable. »

Après quoi, le chevalier quitta le château et se dirigea vers la vallée de Lourdes.

Diverses choses troublaient l'âme du bon sire : les services, le contact et la compagnie du diable, bien qu'il l'eût vaincu, et l'oubli et la froideur de sa dame.

Se méfiant de tout bonheur terrestre, il voulut conserver sa part de paradis et chercha un ermitage pour prier et se résigner. Pourtant il emmena avec lui son faucon et son lévrier qui, seuls, l'avaient reconnu !

Nul ne sut comment il finit ; ses biens passèrent à Loïsse de Bénac, qui les porta dans la famille de Montaut.

Pour conserver la mémoire de cette aventure, l'église des Cordeliers de Tarbes garda, jusqu'en 1793, époque à laquelle son trésor fut pillé, les bottes et les éperons du sire de Bénac.

Caen, imp. H, Delesques.

www.ingramcontent.com/pod-product-compliance
Ingram Content Group UK Ltd.
Pitfield, Milton Keynes, MK11 3LW, UK
UKHW020923120726
13693UKWH00003B/1116